图说世界文明史
希腊

[意] 斯特凡诺·马吉 著　高瑞梓 译

山东画报出版社

目录

导言
10

希腊年表
14

起源
20

古风时代
54

古典时代
83

公元前4世纪
145

希腊化时代
177

希腊的遗产
202

第1页图 正在战斗的重装步兵（约公元前6世纪）。（柏林，国家博物馆）

第2—3页图 雅典卫城和帕特农神庙。

第4—5页图 腓力二世墓中出土的黄金箭袋。（萨洛尼卡，考古学博物馆）

第6—7页图 由画匠布吕格斯（Brygos Painter）描绘在酒杯上的特洛伊战争场景。（巴黎，卢浮宫博物馆）

第8页图 萨摩色雷斯岛的胜利女神像，希腊化时代艺术的杰作之一。（巴黎，卢浮宫博物馆）

导言

直到近代，古希腊的艺术和文化仍局限于简单狭隘的"古典主义"概念，甚至在今天也是如此。

"古典"一词本就难以精确定义，而且这个词在某种程度上已经被用滥了。它可以指一切深得人心的事物，无论是古代的还是现代的。它们永不会过时，是理想的参照物和灵感的源泉，拥有长久不衰的魅力。

希腊（尤其雅典）和罗马在过去和现代都是"古典主义"的典范，然而希腊的历史却比罗马早得多，影响力也更胜一筹，这是毋庸置疑的。不过近来也在相关地区发现了一些在时间和空间上都远离"古典时代"的希腊文化遗迹，比如在克诺索斯岛、塞拉岛（Thera）、迈锡尼、特洛伊、德尔斐、奥林匹亚、瑟美斯（Thermos）和埃吉那岛（Aegina）所发现的文明；近一点的，则在斯巴达的宿敌麦西尼亚，还有哈尔基斯半岛（Chalcis）的奥林索斯（Olynthus），以及新近发现的维尔吉纳（Vergina）的马其顿皇家墓地。虽然"希腊文化版图"错综复杂，但其起源、历史发展脉络和受到的来自其他文明（近东、埃及和巴尔干半岛）的影响都已被考古研究证实。过去曾有一种思潮（对一些人来说，如今仍是这样），将希腊文明视作完全自主、纯粹而无瑕的创造性活动，是让西方文明永远受惠的"希腊奇迹"。但事实证明，这种想法不仅荒诞，而且有害。

几个世纪以来，希腊文化被认为是欧洲世界共同的文化之根，其分支也深深扎根于希腊化地区。威尼斯共和国的总督会自豪地将自己的海上势力与斯巴达的陆地霸权相提并论。法国大革命期间，宪法中的"平权"（égalité）一词等同于斯巴达社会的"人人平等"，但实际上忽视了该城邦严酷的寡头体制和被剥削的大众。雅典的直接民主是公民举手表决，也一直被认为是现代西方代议制民主的起源。以德国伟大哲学家黑格尔的名言以蔽之，就是"希腊是受教育之欧洲人心中的精神家园"。而今天，情况似乎不再是这样了，人口和文化的融合正逐渐塑造、影响和转变形形色色的社会，我们不再热衷于追寻一个"共同的起源"、一个"超群的文明"或者一段"共同的历史"（这里的"共同"并不单指欧洲或西方）。

但是，将历史视作怀疑方法，并用历史对存疑事实进行不懈地求证（不同于东方听凭君王授意而写成的历史）却无疑是希腊思想的产物。因此，要感谢希罗多德、修昔底德和波利比乌斯等历史学家对真理的渴求，当时环地中海的欧洲人民才得以在遇到希腊文明（随后是罗马文明）后进入历史的记载中。

希腊的人像艺术一直以来都和神明的世界紧紧相连，这一点与千年来的东方并无二致。造像艺术本就渗透了宗教的价值观，但希腊的艺术家却将神像当作灵感来源，激发出伟大的创新力——然而现代的学者并不常能领悟到这一点，反而将研究注意力放在技法的完善上——推动造像艺术向人性之范畴前进，将神像人格化。通过把雕塑带往更富人性的层面，古希腊艺术打开了人类的心智，授予人们焕然一新的领悟力。

第10页图 描绘披狮皮的赫拉克勒斯形象的黄金制品，来自克拉列沃（Kralevo）三号坟堆，此处是公元前3世纪色雷斯的一处大型墓地。（特尔格维什特，历史博物馆）

第11页图 戴头盔的女神雅典娜像是雕塑家西菲索多都斯（Cephisodotus）原作的复制品。西菲索多都斯是雕塑家普拉克西特列斯（Praxiteles）的父亲。（巴黎，卢浮宫博物馆）

就上文所说的这一切而言,古代希腊人和他们的文化正面临着消失的危险,失去昔日之光辉。人们对它的重要性只留下了狭隘与肤浅的看法。简而言之,古希腊的文化遗产正逐渐被曲解和低估。马拉松平原和温泉关这两处地名仅作为历史大战的标志而被代代学子熟悉。说起奥林匹亚体育场和德尔斐圣地,只会让人联想起宗教和体育精神,日常名词的语意正日益减弱,转变成僵化的概念,重要性大不如前,如"政治的"(Political),来自希腊的城邦(Polis),指具有竞争意识的自由人所组成的群体;"简洁的"(Laconic),来自斯巴达的一个地区拉科尼亚(Laconia),那里的居民比其他地区的人都要沉默寡言;还有"陶片放逐制"(Ostracism),来自Ostrakon,原指一种陶片,雅典公民用它来写想要放逐的政客名字。

有一个问题常被提起:时至今日,从古代希腊人那里汲取经验是否仍有意义?回答是肯定的,但我们必须带着更新与批判性的态度来进行学习,以便掌握他们"横跨东西方"的文化遗产的核心意义。之所以说"横跨东西方",是因为无论空间与时间,希腊都是古代近东文明(美索不达米亚和埃及文明)和后来发展的欧洲文明之间的滩头堡。因此,它不一定具有空前的优越性,更不是所谓的奇迹。我们仅须承认,在实验和开拓新道路上,希腊文明的确拥有经久不衰的动力与能力,可以不含偏见地接受其他文化的先进之处。希腊语仅用约二十个字符就能涵盖人类所需的表达。它的字母就是从腓尼基文字借来的,而改造这一被闪米特语使用了上百年的字母以适应属印欧语系的希腊语,却是具有独创性的。

同样的道理,我们可以说"智慧"并不是希腊人的特权(《圣经》也饱含智慧),但哲学(Philosophy,希腊语的philo sophia意为"热爱智慧或知识")作为一种研究自然、人类和两者关系(时而紧张,时而和睦,还常需由君主的反省来调节)的科学却是他们创造的。还有人能够想到比米利都学派的泰利斯和阿纳克西曼德(Anaximander of Miletus)更早的哲学家吗?没错。米利都,这一希腊化的小亚细亚城邦正是重要的文明交汇点,是东西方贸易和文化交流的十字路口。

从根本上说,希腊遗产中包含了很多有关于人的东西。希腊文明一直在歌颂个人英雄的壮举与尊重大众所创造的史实之间切换自若;既有人对于自身意义和身份的觉醒(带着一丝优越感),也有对其他众生的普遍感知,即具有他者意识。

本书的写作目的是激发读者对古希腊文明的兴趣与好奇心,点燃读者进一步学习的欲望,以便掌握希腊历史在各个方面的经验,包括其卓越的政治史、社会史、城市化进程和艺术见解,还有对其他文化的借用和相互依存。本书旨在帮助读者在知晓古代文化和古为今用之间架起一座桥梁,并让我们的文化继续将希腊文明当作过去的一部分。用杰出的人类学家和历史学家路易·热尔内(Louis Gernet)的话来说,就是"古希腊人不再神秘"(les grecs sans miracle)。

第13页图 这尊波斯士兵塑像是希腊化时代的作品,来自位于小亚细亚的重要城市帕加马(Pergamum)。

希腊年表

文明源头

（公元前3500年—公元前1000年）

约公元前1900年，印欧语系的一支阿卡亚人（Achaeans）来到希腊半岛，在这之前，希腊的历史由位于色萨利（Thessaly）的新石器时代文明（公元前4千纪—公元前3千纪）塞斯克罗文化（Sesklo）和迪米尼文化（Dimini）以及克里特岛的米诺斯（Minoan）文明（公元前2500年—公元前1400年）写就。阿卡亚人在政治上比希腊半岛的前居民更先进，催生了活跃于公元前1600年至公元前1150年的迈锡尼文明。公元前1200年左右，大量人口迁入地中海盆地，杜利斯人（Dorians）在公元前1100年随之到达希腊半岛。

古风时代

（公元前1000年—公元前500年）

"黑暗时代"（公元前11世纪—公元前9世纪）的结束标志着希腊古风时代的开始。公元前9世纪，希腊大陆一改死气沉沉的氛围，再次活跃起来：城邦得以巩固，书写投入广泛使用，大型殖民活动在公元前750年左右拉开序幕。执政官德拉古（Draco）在公元前620年修订了第一部成文法，而公元前594年的梭伦改革则是雅典迈向民主的第一步。公元前6世纪是僭主政治的时代，庇西斯特拉图斯（Peisistratus）在雅典成为僭主（公元前564年—公元前527年），他的儿子希庇亚斯（Hippias）继任后，在公元前510年被放逐。克里斯提尼（Cleisthenes）在公元前508年实行的民主改革为古风时代画上句号。

古典时代

（公元前500年—公元前323年）

古典时代伊始，就爆发了爱奥尼亚（Ionian）起义（公元前494年—公元前449年）和两次希波战争（公元前490年—公元前480年），战争以公元前479年希腊军队在普拉蒂亚（Plataea）和米卡列海角（Cape Mycale）大胜波斯而告终。公元前478年，希腊各城邦组成提洛同盟（Delian-Attic League），为伯利克里时代（公元前461年—公元前430年）的雅典帝国主义打下基础。公元前448年至公元前447年，帕特农神庙开始修建。公元前431年至公元前404年，雅典和斯巴达之间爆发的伯罗奔尼撒战争对希腊造成了毁灭性打击，其间还发生了如下事件：雅典瘟疫横行（公元前430年）；卡利阿斯和约（Peace of Callias）签订（公元前421年）；雅典远征西西里以惨败告终（公元前415年—公元前413年），以及四百人寡头政府的建立，寡头政治重回雅典（公元前411年）。公元前404年至公元前403年，雅典人对三十僭主的统治发起反抗，恢复了民主制度。经历了公元前5世纪末这一系列惨痛的打击后，原本处于斯巴达霸权下的雅典又落入忒拜人（Theban）之手（公元前371年—公元前362年）：曼提内亚（Mantinea）之役为斯巴达和忒拜之间的战争画上句号，也标志着城邦制度的瓦解。公元前359年，腓力二世成为马其顿国王，并于公元前338年在喀罗尼亚战役（Battle of Chaeronea）中打败希腊。公元前336年至公元前323年，亚历山大大帝统治希腊，其统治为希腊世界的历史、经济、社会和文化带来了巨变。

希腊化时代

（公元前323年—公元前31年）

在继业者战争及其后代的权力争夺之后，公元前262年，克里莫尼迪兹战争（Chremonidean War）让马其顿对希腊的控制转变为全面占领。公元前217年，马其顿、阿卡亚同盟和斯巴达、埃托利亚同盟（Aetolian League）之间达成诺帕克特斯和约（Peace of Naupactus），开启了一段危机重重的时期。就在此时，罗马势力也赫然逼近。公元前197年，罗马将领提图斯·昆克修斯·弗拉米尼努斯（T. Quinctius Flamininus）在库诺斯克法莱（Cynoscephalae）打败马其顿军队。同年，他宣布希腊再次独立，并把希腊纳为罗马的保护国。公元前168年，皮德纳之役（Battle of Pydna）彻底结束了马其顿在希腊的统治。公元前146年，卢基乌斯·穆米乌斯（Lucius Mummius）在占领科林斯（Corinth）后，将希腊变成了罗马行省。雅典也卷入了罗马共和国后期各大将领之间的势力纷争中。公元前86年，苏拉（Sulla）攻陷雅典。公元前46年的腓力城（Philippi）之役后，奥古斯都于公元前19年在雅典卫城树立起王权的象征：一座献给罗马和奥古斯都自己的神庙。

第16—17页图 位于阿格里真托（Agrigentum）的和谐女神神庙（Temple of Concord）是大希腊地区保存最好的多立斯建筑实例（公元前440年）。

第18—19页图 帕埃斯图姆（Paestum）跳水者墓的墓室嵌板上所描绘的宴饮场面（约公元前480年）。（帕埃斯图姆，国家考古学博物馆）

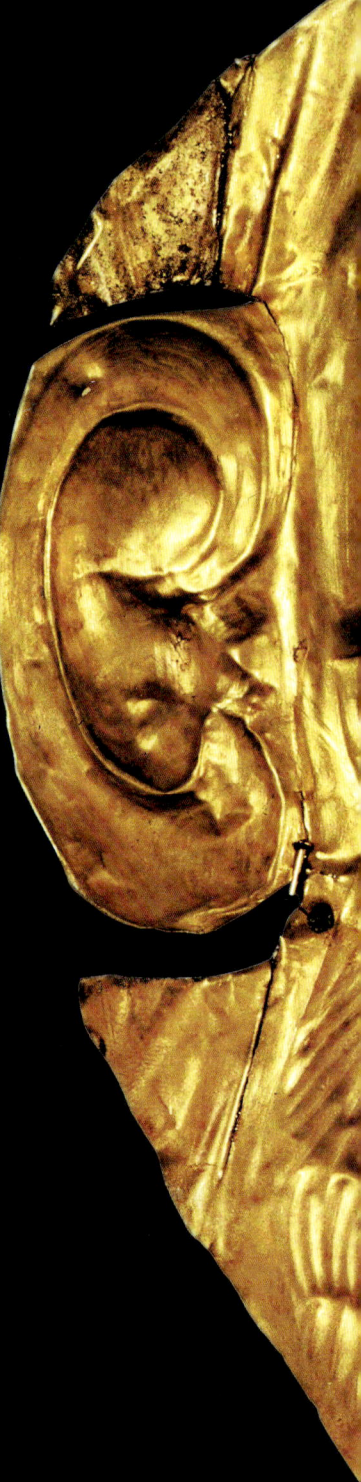

起源

米诺斯文明
24

迈锡尼文明
40

扩张和特洛伊战争
46

伟大的防御工事
50

第20—21页图　由海因里希·施里曼（Heinrich Schliemann）发现的阿伽门农金箔面具（约公元前1580年—公元前1550年），出土于迈锡尼墓圈A的4号墓。（雅典，国家考古学博物馆）

第22页图　新石器时代基克拉迪（Cyclades）群岛大理石人像的主要特征是抽象（公元前2800年—公元前2200年）。（巴黎，卢浮宫博物馆）

第23页上图　来自克罗斯岛（Keros）的《弹竖琴者》雕像是基克拉迪群岛艺术中最著名的作品（约公元前2200年—公元前2000年）。（雅典，国家考古学博物馆）

第23页下图　叙罗斯岛（Syros）察兰德里安尼（Chalandriani）发现的女性人偶（公元前2000年—公元前1900年），身体线条由大理石切割而成，只有胸部采用模具制作，手臂和生殖器都以简单切割来表现。（雅典，国家考古学博物馆）

根据希腊地区居民与外部世界（即以克里特岛为主的东方地区、小亚细亚和埃及）的交流，我们得以确定希腊最早的历史事件发生的时间。真正的纪年开始于公元前8世纪（传统上认为第一届奥林匹亚运动会举办于公元前776年），再往前就只能粗略推算大概的年份了。即便在今天，对希腊青铜时代（Helladic）早、中、晚期的分期也差别迥异：早期希腊青铜时代文明是从公元前2600/2400年至公元前2000/1900年；中期是公元前2000/1900年至公元前1700/1550年，晚期是公元前1700/1550年至公元前1150/1100年。

雅典历史学家修昔底德对希腊文明的起源做了最为清晰的阐述。公元前5世纪，他写道："很显然，如今这个被称为希腊的地方在古代并无定居人口，相反，常有部族移民至此。这几个部族在人口剧增的压力下很快摒弃了家园，他们在故土无法通过陆路与海路发展商业，与外界的自由交流受到限制，能耕种的土地也仅能满足生活的迫切之需……"

铜器时代中期开始，印欧人进入地中海三大半岛的最东端。他们不是在一次移民潮中到来的，而是跟随不同的部落和族群，缓慢且断断续续地迁徙至此。一般认为最早的两个族群是阿卡亚人和爱奥尼亚人，接下来是伊奥利亚人（Aeolian）和杜利斯人。

印欧人为生活在该地区的地中海人口（即希腊原住民）引入了先进的政治体制，促成了青铜时代后期迈锡尼文明的崛起。迈锡尼文明在经历了漫长的繁荣期后走向衰落，加速其衰亡过程的正是南下伯罗奔尼撒半岛的多利安移民。他们是开始于约公元前1900年的地中海盆地大型移民潮的一员。公元前1900年到达的阿卡亚人和约公元前1100年到达的杜利斯人都导致了该地区一段时间的文化停滞，但是这两个相隔一个世纪到来的族群都吸收了他们遇到的文化遗产（即希腊原住民文化、米诺斯文明、腓尼基文明和近东文明），并加以改造，形成全新的原创文明。

大多数学者都将目光投向有历史记载的年代（这可不利于对史前希腊的研究），对更早历史时期的系统化研究则是最近才开始。研究新石器时代的希腊，一般以公元前4千纪的色萨利地区的塞克洛文化和公元前3千纪的迪米尼文化为参考。在这些遗迹中，考古学家发现了围绕着防护墙的早期村庄。这些村庄起初以简陋的棚屋为主，后来主要是带几个房间和一座庭院的房屋，最后发展出了一种叫作"Megaron"（意为正厅）的建筑形式，即一间矩形厅室，共分为三个部分：带柱门廊、带有灶台的房间和一间后室。遗迹的文化特征是拥有大量带红色和赭色装饰的雕刻或彩绘陶器以及以广为流传的母神形象为灵感的赤陶人俑，揭示出这一文化与巴尔干半岛和安纳托利亚地区的紧密联系。经由诸岛屿、巴尔干半岛与安纳托利亚地区产生文化交流，也为希腊进入铁器时代做好了准备，不过此时的文明环境仍深植于乡村。

约公元前2500年，反而是克里特岛在文化上取得了显著的进步，发展势头近似埃及和其他美索不达米亚的大型城邦，展现出了前城市的社会结构。

米诺斯文明

米诺斯文明得名于传说中的克里特国王米诺斯（Minos），从公元前3千纪中期持续至公元前1400年，可以说是跨越了整个青铜时代。该文明的历史几乎仅是通过考古证据来重建的，原因是其用"线性文字A"写成的文献尚未被破译，因为它对应的并非希腊语。此外，同时代文明的文献中也几乎没有关于克里特岛的内容。这座岛屿与海洋的亲密关系影响了它的历史。它的地理位置让其得以控制海上航线和贸易，让货物交换和文化交流成为可能，为其海上霸权（古代历史学家将米诺斯的霸权称为制海权）奠定基础。公元前3千纪末，人们在近海的沃土斐斯托斯（Phaistos）、扎克罗（Zakro）和马里亚（Mallia）发展出了聚落，文明开始进入最初的繁盛期。在前王宫时期（Pre-palatial Period），这些聚落由带多个房间的大型房屋和互相连通的公共区域组成。约公元前1700年，聚落的发展戛然而止，可能是由于自然灾害，也有少部分原因是内部斗争或东方移民的影响，就像希克索斯人（Hyksos）入侵埃及那样。但在斐斯托斯、马里亚、古尔尼亚（Gournia）、阿基亚特里亚达（Hagia Triada）等地，还有最重要的克诺索斯（Knossos），聚落很快就得到重建，而且建筑的复杂度和规模更胜一筹，其外观无疑更为富丽堂皇。王宫时期（Palatial Period）一直持续到公元前2千纪中期，以这一阶段分布于宽广庭院四周的建筑群而闻名。建筑群中，有数个房间被用于庆典和宗教仪式，作为仪式场所或存放供给和设施的仓库。房屋建造在不同的地势上，没有参考任何轴线基准，也未遵循对称法则，只是贴合高低起伏的地势布局，达到一种流畅而夸张的和谐。通过对多个门廊、门、窗，以及开放、闭合空间的排列和连接创造出独特的光影效果，是其建筑结构的一大特色。著名的克诺索斯迷宫传说就提到了这种毫无章法的王宫布局。故事中，来自雅典的忒修斯只能跟随阿里阿德涅的丝线才逃出生天。

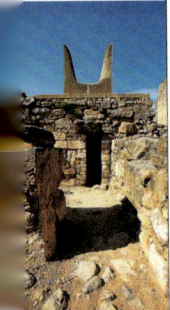

第24页左图 克诺索斯王宫南侧山门上装饰了夸张而巨大的石角（公元前1650年—公元前1400年），兼具装饰和辟邪的功能。

第24页右下图 克诺索斯王宫的北侧入口修建了大量带柱子的门廊，柱子上涂了红色颜料，底部逐渐变窄。

第24—25页图 克诺索斯王宫的南侧山门与周边自然环境充分融合，其上描绘的供奉祭品的场景令人印象深刻。

第26—27页图 破碎的公牛浮雕由彩色石膏雕刻而成，是克诺索斯王宫北大门的一处吸睛之地。

第28—29页图 从克诺索斯王宫的整体可以看出,房间的布局没有遵循任何轴线和对称原则,这是克里特王宫式建筑的典型特征之一。

第28页左下图 王座室内有一个雪花石制的王座,壁上绘有带狮鹫图案的优雅壁画。

艺术，尤其是绘画的重要性得以提升。王宫的墙壁上装饰了大量壁画，质量之高堪比意大利文艺复兴时期的作品。大多数壁画都以自然为主题，但艺术家也具有天马行空的想象力。他们在风景中用超现实的色彩描绘着优美的动物和年轻人的形象；时而还会出现历史题材的场景：或表现船只从喧闹的港口扬帆起航，或展现宗教仪式的静态场面，还有对杂耍和游行的描绘。在陶器、陶俑及石制、金属制的浮雕上，也可以看到多彩的配色和对自然的精确刻画，特别是对海洋生物的再现。这种艺术也影响了希腊半岛的艺术。公元前1450年，迈锡尼将克里特岛变为殖民地后，最重要的一项文化融合就是采用了米诺斯的音节文字（线性文字A），并且发明了用于书写希腊文字的线性文字B。迈克尔·文特里斯（Michael Ventris）和约翰·查德威克（John Chadwick）在20世纪50年代破译了线性文字B，从而读懂了在克诺索斯遗迹发现的上千份石板，扩充了我们对迈锡尼政治、经济和社会体系的认识。

影响了爱琴海的诸岛屿，基克拉迪群岛中——主要是塞拉岛（即圣托里尼岛）——就诞生了大型壁画的卓绝范例。

米诺斯的艺术经验受到了埃及、腓尼基、安纳托利亚和叙利亚的影响，被迈锡尼吸收后，也

第28页右下图 崇尚自然主义和使用明艳的色彩是米诺斯壁画的特征。

第29页左上图 这幅精彩的蓝色海豚壁画位于王后寝宫主房间。

第29页左下图 米诺斯建筑一贯的特点是对光源、庭院和大型门廊（如图所示）的布局进行精心地规划。

第29页右上图 王宫内的庭院和大型台阶不仅连接了位于不同地势的中心区，也为它们提供了丰富的采光。

第30—31页图 这幅精彩的壁画来自克诺索斯王宫的东区，描绘了一名年轻男子在公牛背上表演斗牛杂技。（伊拉克利翁，考古学博物馆）

第32页左图　克诺索斯王宫的彩绘灰泥浅浮雕《戴百合花的王子》（约公元前1500年），展现出精致的自然主义风格。（伊拉克利翁，考古学博物馆）

第32页右图　来自塞拉岛的壁画《打拳击的孩子们》（约公元前1500年）。（雅典，国家考古学博物馆）

第33页图　克诺索斯王宫壁画《取水者》，并没有使用逼真的浮雕技法。

第34—35页图　发现于克诺索斯王宫王座室内的壁画《蓝衣女士》（约公元前1600年）。（伊拉克利翁，考古学博物馆）

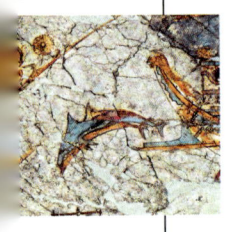

第36页左图 阿克罗蒂里（Akrotiri）"西屋"遗址的一幅壁画中，一只海豚正在战船船头跳跃，展现了基克拉迪群岛艺术自然主义的魅力（约公元前16世纪）。（雅典，国家考古学博物馆）

第36页上图 发现于阿克罗蒂里"西屋"遗址的年轻打渔人壁画。"西屋"可能是一位海军将领的宅邸。（雅典，国家考古学博物馆）

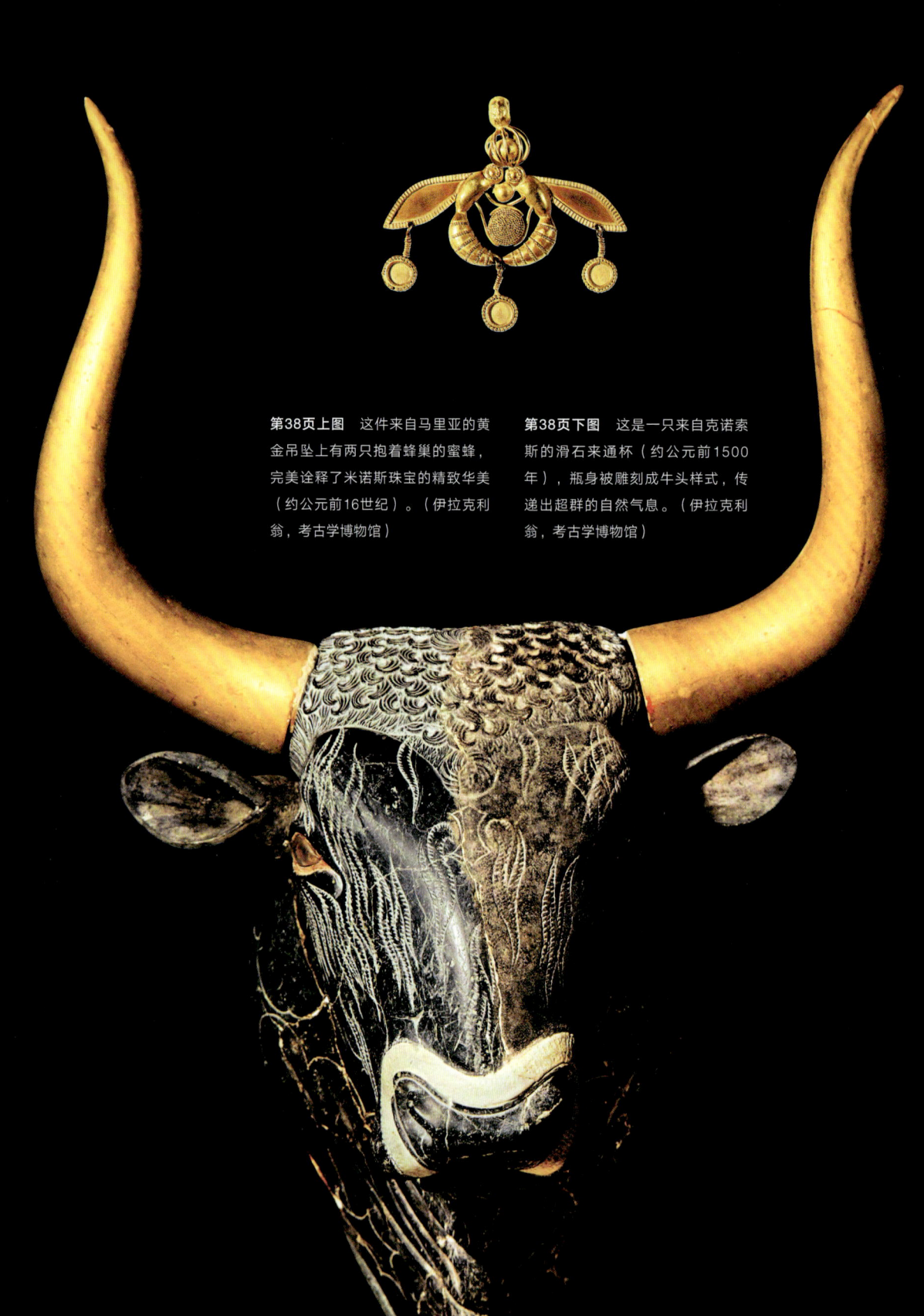

第38页上图　这件来自马里亚的黄金吊坠上有两只抱着蜂巢的蜜蜂，完美诠释了米诺斯珠宝的精致华美（约公元前16世纪）。（伊拉克利翁，考古学博物馆）

第38页下图　这是一只来自克诺索斯的滑石来通杯（约公元前1500年），瓶身被雕刻成牛头样式，传递出超群的自然气息。（伊拉克利翁，考古学博物馆）

第39页图 发现于克诺索斯王宫神殿储藏室的著名彩陶执蛇女神像（公元前1600年—公元前1580年），原本绘有鲜艳的色彩。（伊拉克利翁，考古学博物馆）

迈锡尼文明

公元前2千纪中期之后不久,多种大灾难再次降临(包括塞拉岛上一座火山的爆发),克里特元气大伤,来自希腊大陆的阿卡亚人入侵了岛屿,这就是迈锡尼人。

公元前1400年至公元前1200年是迈锡尼文明的黄金时期,政权并不集中,而是分散于几个自治的城市:迈锡尼、阿尔戈利斯(Argolis)的梯林斯(Tiryns)、麦西尼亚(Messenia)的派娄斯(Pylos)、彼奥提亚(Boeotia)的忒拜和俄库曼努斯(Orchomenus)、阿提卡(Attica)的雅典,还有色萨利的伊奥克斯(Iolcus)。这些城市面积并不宽广,因享有共同的文化而联系紧密。人们的生活围绕着王宫进行,反映出和米诺斯文明不同的建筑理念。迈锡尼的建筑更为紧凑,以正厅(即前文的"Megaron")或带中央炉灶的王家接见室为中心。国王(Wanax)是由武士和贵族地主(Lawoi)组成的统治阶级的首领,拥有世俗和宗教的权力,而"贵族地主的领袖"(Lawagetas)则是军事统帅。乡村地区(Damoi)也由王宫管理。王宫和贵人宅邸一样都被包围在坚实的围墙内。迈锡尼城堡内空间有限,王宫的布局自然要更紧凑和协调:整体布局的中心是一座有大型入口或山门的庭院和一座正厅,正厅入口处有门廊,随后是一个由四柱环绕的圆形炉灶,右侧是王座。正厅的建筑模式和其简约的构成均来自希腊大陆的风格,而不是爱琴海诸岛的样式。建筑在基本布置上融合了米诺斯的建筑元素(如门廊和山门)和装饰元素,主要是米诺斯壁画常有的游行场景和动物纹样(狮子和狮鹫)。

第40页左图 通往迈锡尼埃癸斯托斯(Aegistus)圆冢的长墓道(公元前1500年—公元前1460年),部分穿岩而过。

第40页右图 这件"奈斯托尔杯"的手柄上装饰有两只鸽子,是海因里希·施里曼在迈锡尼墓圈A发现的众多无价珍宝之一(公元前16世纪)。(雅典,国家考古学博物馆)

第41页图 狮头来通杯是墓圈A皇室墓地众多随葬品之一(公元前16世纪)。(雅典,国家考古学博物馆)

这些结构分明的中心堡垒也有相配套的大型墓地，向世人展示大量的财富和丰富的艺术性，对比乏味的铜器时代文明尤其明显。在迈锡尼发现的墓葬遗址（环形墓圈A和B）是该文明程度的极好例证。墓地出土了几副著名的黄金面具、剑身饰有黑金镶嵌叙事画的匕首，还有兽头花瓶和贵金属戒指，不过很难分清这些物品是进口的还是在当地生产的。墓圈A中最古老的墓葬（公元前17世纪晚期至公元前16世纪初）是竖井墓，葬着皇室成员的遗骸。公元前14世纪的墓地被包围在堡垒的防护墙内，可能因为死者是当时某种特殊信仰的崇拜对象。墓圈B可以追溯到公元前17世纪，都在堡垒之外，也许是王室次子支系的墓地，只用黄土简单埋葬，立有石柱作为标记。公元前16世纪前半叶，这片墓地被再次使用，这些后来的墓葬出土了大量的随葬品。后期还发展出了挖掘岩石建成的墓室墓，用于埋葬家族成员。这种墓葬形式开始于公元前16世纪，可能受到了埃及的影响。之后发展出了迈锡尼建筑中最重要的形式之一：圆顶墓，也称蜂巢墓。该墓葬结构包括了一个倚靠山坡、凿岩砌成的圆形墓室，石块垒成的假圆顶上覆盖有坟冢，还有一条长长的墓道通向墓室。公元前15世纪，这种形式仍被采用。公元前14世纪的阿特柔斯宝库（Treasury of Atreus，即阿伽门农墓）和克吕泰涅斯特拉墓（Tomb of Clytemnestra）是这一墓葬形式的巅峰。

迈锡尼艺术在总体上受到了米诺斯艺术的深刻影响，这一点在陶器中表现得尤为明显。迈锡尼早期陶器的装饰经常使用克里特岛的生物纹样（植物、花朵和海洋生物的图案）。装饰主题逐渐简化和概念化，同时发展出狩猎和战争的场景。后期还出现了抽象化的趋势。公元前13世纪，迈锡尼陶器最终形成了"谷仓风格"，特征是以简单的波纹线为装饰。除了少许精美的象牙人俑之外，该文明很少发现小雕像。象牙是叙利亚进口的，经过雕刻被用于制作剑柄、镜柄和珠宝盒。

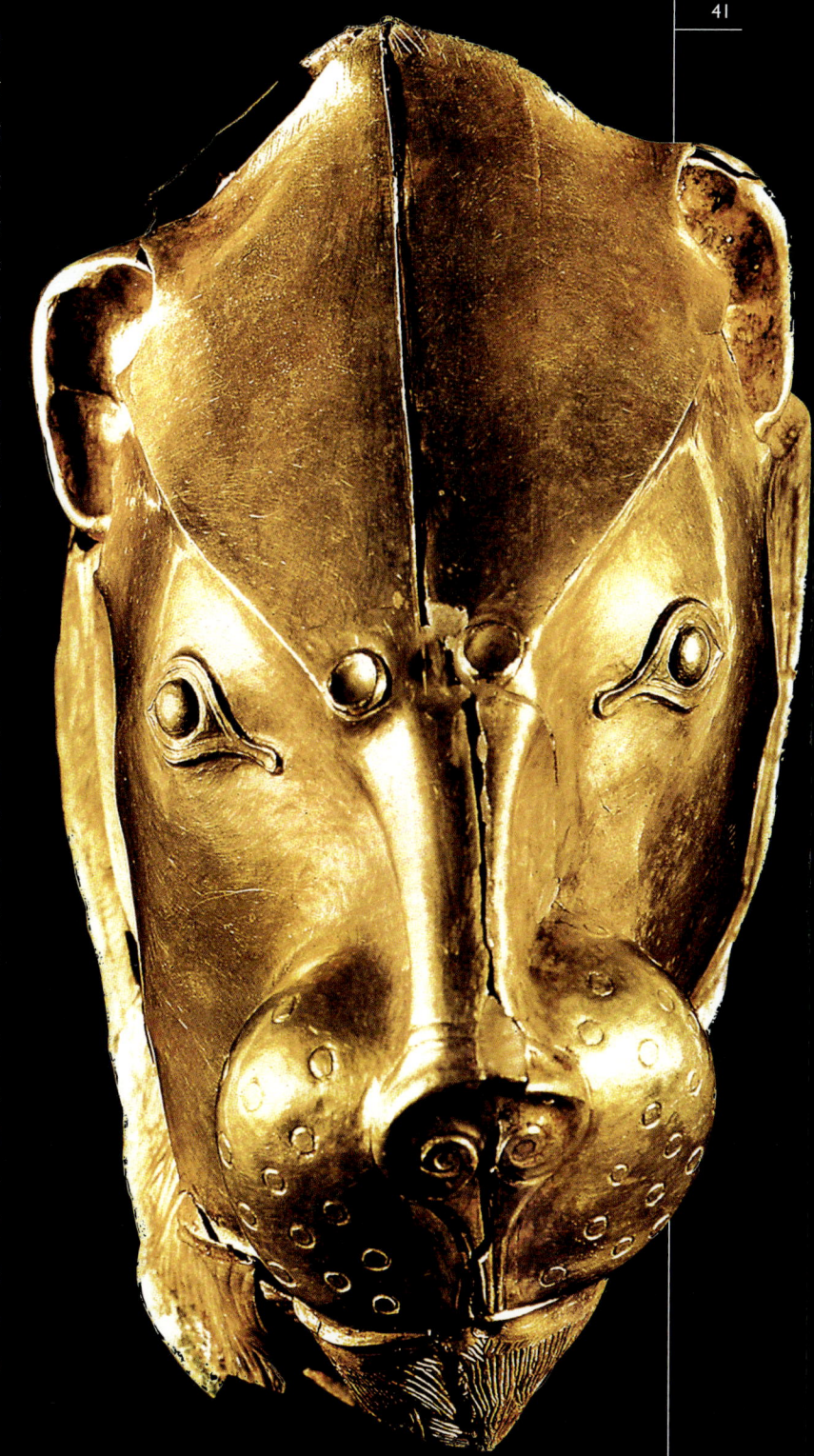

第42—43页图　1876年，海因里希·施里曼展开了对墓圈A墓葬的发掘，发现了众多无价的随葬珍品，现都陈列于雅典国家考古学博物馆。

第42页上图　阿特柔斯圆家内的假圆顶堪称迈锡尼建筑的杰作（公元前13世纪）。

第42页下图　这支来自迈锡尼墓圈A 6号墓的匕首采用了金银和黑曜石的镶嵌技术，画面是狮子奔跑和猎狮的场景。（雅典，国家考古学博物馆）

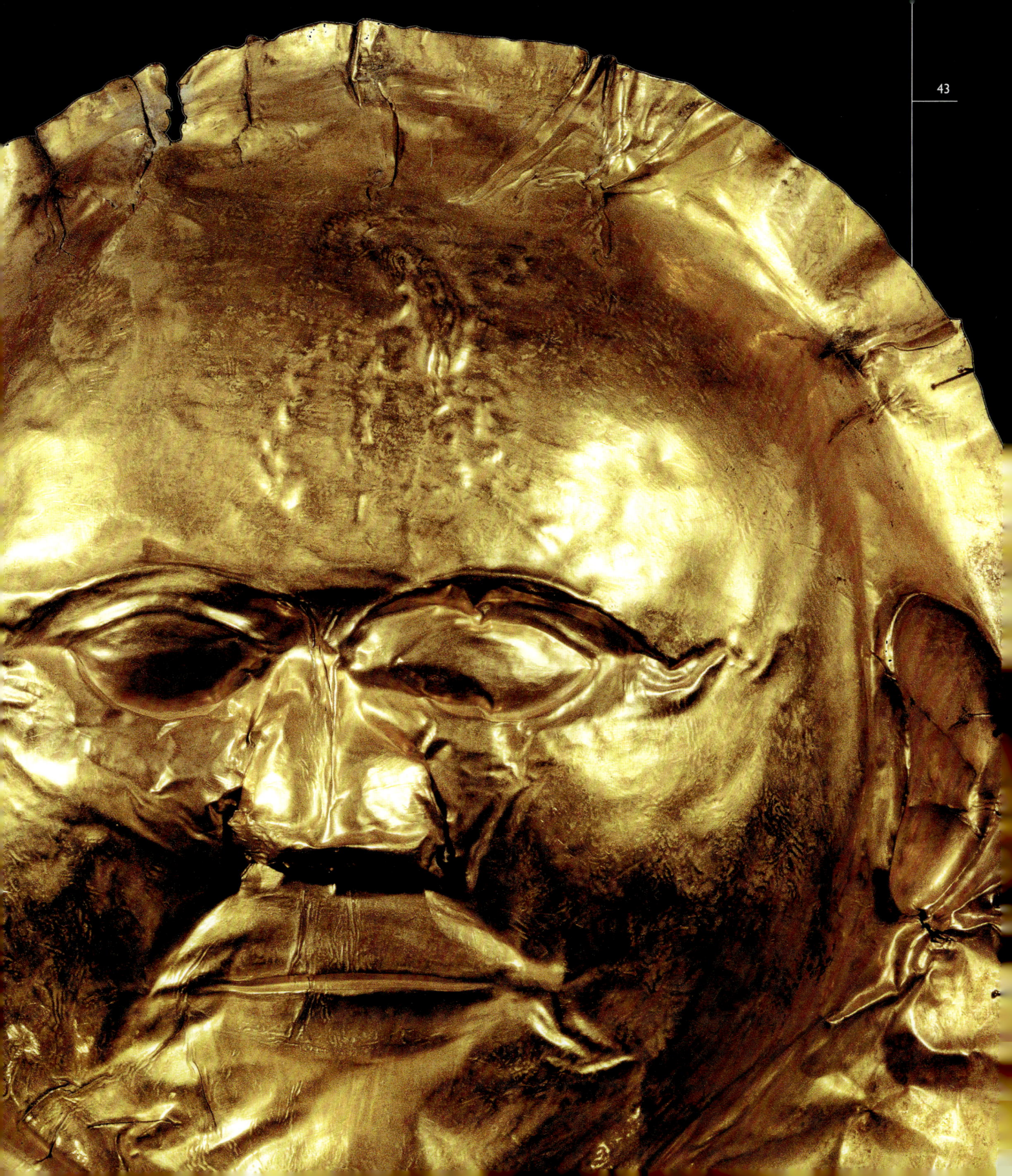

第44页中图 这只著名的金杯来自斯巴达附近瓦斐奥（Vaphio）遗址的圆冢，杯身装饰采用锤碟技法，展现了捕捉和驯化公牛的场景（公元前15世纪）。（雅典，国家考古学博物馆）

第44页下图 这只装饰有兽群图案的六边形镀金盒也来自迈锡尼文明遗址的墓圈A（公元前16世纪）。（雅典，国家考古学博物馆）

第45页图 瓦斐奥金杯锤碟图案的近景，展现了迈锡尼工艺独有的动感和精彩构图。（雅典，国家考古学博物馆）

第44页上图 这只黄金图章印来自梯林斯，图案是一只怪物正向王座上的神灵朝觐。（雅典，国家考古学博物馆）

扩张和特洛伊战争

迈锡尼的扩张主要集中于地中海东部和安纳托利亚海岸地带，塞浦路斯和叙利亚沿海也有大量迈锡尼贸易聚落、中途港和商业中心的痕迹，但迈锡尼人还继续向西挺进寻找自然资源，直达西西里和意大利南部、撒丁岛、伊比利亚半岛和北非。公元前13世纪末和公元前12世纪初，"海上民族"的侵袭改变了地中海东部的政治地理，对迈锡尼世界造成深刻的影响。国际形势焕然一新，迈锡尼人借机向黑海扩张，轻松到达富含金属矿藏的高加索地区。特洛伊战争讲述的就是以半岛和希腊诸岛的迈锡尼王公为首的一次远征，为的是征服赫勒斯滂（Hellespont，即达达尼尔海峡）这片战略海域。传统上将特洛伊战争作为希腊史纪年和概念的参照点。古代史学家将特洛伊战争视作历史分水岭，修昔底德在其著作《伯罗奔尼撒战争史》第一卷中对发生在故乡的古老史实——从迈锡尼王国面临的巨大危机到城邦制度的建立——进行了精炼而清晰的陈述。除了特洛伊战争，他还认为"赫拉克勒斯后裔（Heraclids）的归来"——即杜利斯人的入侵——也是另一项重要事件。

希腊人从特洛伊战场归来的旅途被严重耽搁，这导致半岛上发生了数次巨大变革，派系内讧在各地爆发，建造城邦的公民被放逐……特洛伊沦陷八十年后，自诩为大力神赫拉克勒斯后裔的杜利斯人成了伯罗奔尼撒的主人，一切百废待兴。直到很多年后，希腊才远离动乱，恢复了持久的安宁，随后展开了对外殖民。雅典将爱奥尼亚和大多数岛屿变为其殖民地；伯罗奔尼撒半岛人则殖民于意大利的大部分土地、西西里和希腊其他地区，这些都是特洛伊战争后的殖民地。随着希腊实力的增长，获取财富逐渐成了主要目标。城邦收入增加，几乎所有地区都以各自的方式确立了僭主政治。希腊开始打造战舰，意图向大海更近一步。

第46页图　来自米科诺斯岛（Mykonos）的陶罐浮雕一景，展现的可能是神话中赫克托尔（Hector）和妻子安德洛玛刻（Andromache）在特洛伊城墙下告别的场景。他身后是年幼的儿子阿斯提阿那克斯（Astyanax）。（米科诺斯，考古学博物馆）

第47页图　来自基克拉迪群岛的陶罐近景（约公元前650年），颈部装饰采用了简洁直接的画面语言，描绘希腊人用木马骗局攻占特洛伊的场景。（米科诺斯，考古学博物馆）

第48—49页图和第49页上图　位于吕基亚（Lycia）的特里萨（Trysa）是当地古老王朝墓葬的所在。墓葬围墙上的浮雕描绘了诸多神话和历史场景，制作时间约为公元前375年。浮雕中希腊人和特洛伊人之间的战争场景参考了公元前4世纪早期的希腊艺术样本。（维也纳，艺术史博物馆）

第49页下图　位于特里萨墓葬围墙西侧的特洛伊围城场景被雕刻于两块石板上，以同时展示城内和城外的斗争。浮雕对于画面空间的安排非常出色，士兵被雕刻在不同的平面，这可能受到了之前作品的影响。（维也纳，艺术史博物馆）

伟大的防御工事

公元前13世纪上半叶，迈锡尼建造了"狮子门"这一大型防御工事，危机的征兆浮出水面。终于在世纪末，又一场大灾难降临，所有重要的迈锡尼文明中心——从迈锡尼到梯林斯、派娄斯和伊奥克斯——都遭到了摧毁，无一处重建。灾难破坏的不光是建筑，还有当地的经济和社会制度。极少数宫殿附近的城镇存活下来，但规模也严重缩水。雅典是唯一没有受到影响的城市。宫殿消失了，随之湮灭的还有用于管理宫殿的文字。

人口减少导致了严重的衰落期。我们又一次只能靠考古发掘来了解当时的情况。大型集体墓地被独立的坟墓取代，有的只是简单地挖一个坑，有的则有更复杂的石棺（即不规则的石板围成矩形石棺，再覆盖石板）。不过，陶器倒是没有改变。此时还出现了更轻便、易上手的剑和盾，还有皮质盔甲等物件，少量盔甲还有铜或野猪牙的装饰，证明了与巴尔干半岛和欧洲中部的密切交流。公元前12世纪，铁制用具和武器越来越常见，火葬也在此时出现。

以上这些变化都被解释为杜利斯人入侵的结果。不过杜利斯人入侵不再被认为是迈锡尼文明衰落的唯一原因，他们只是加剧了深植于该文明内部的危机而已，所以杜利斯人的到来可能只是填补了宫殿体系衰落后的权力真空。实际上，对于石棺和铁的使用，历史学家有新的看法，他们注意到这种墓葬形式实际上早已存在，而铁的使用其实是来自塞浦路斯的技术。

陶器是重建"次迈锡尼时期"事件的"指向化石"。总体来说，这时期的陶器技艺都很落后。但在阿提卡地区还是出现了很多创新，比如使用陶轮、刷子和圆规；对陶土进行了更佳的配比；采用更高温度的炉火，都让这些器物呈现出与众不同的外观。发现的器皿数量稀少，但技艺精湛，釉面光亮且带有简单装饰。此时的装饰趋势是将自然图案简化为几何图形和花纹，于是这些陶器也被称为是原始几何风格，这整个历史时代也被称为原始几何时期。没有卷入时代变革的雅典成为这一风格的推手，可能从阿提卡开始传遍了整座希腊大陆和群岛。该阶段还有另一项墓葬形式上的重要变化：从土葬变成火葬。

新的陶瓶器形出现了，比如提水罐、大酒壶和康塔罗斯杯（Kantharos）等。双耳瓶也非常流行，可以盛放骨灰。

公元前10世纪，希腊大陆停滞不前的局面逐渐冰释，贸易慢慢恢复，开始了与地中海东部的接触。这一时期墓室的陈设也反映出财富的增长。值得注意的是，在黑暗时期，不同于迈锡尼音节文字的字母文字开始发展。更重要的是，城市开始在政治和社会上取代宫殿的地位。

第50页图 墓圈A位于迈锡尼城堡大门右侧，建筑N位于左侧。建筑N可能是要塞卫戍部队的营房，要塞四周修有坚固的壁垒。

第51页图 迈锡尼狮子门的门梁上镶嵌了一块巨大的三角雕刻石板，石板上狮子的图像很明显起防卫作用（公元前13世纪）。

第52—53页图 这幅名为《迈锡尼女士》的绘画因出色的设计构图和色彩成为迈锡尼晚期最精美的作品之一（公元前13世纪）。（雅典，国家考古学博物馆）

第53页图 来自克诺索斯遗址的壁画残片被称为《巴黎女士》，描绘的可能是一位年轻的克里特妇女，也可能是一位女祭司。（伊拉克利翁，考古学博物馆）

2

古风时代

城邦的形成
56

成熟的古风雕塑
72

几何时期的艺术
62

陶器
75

建筑与社会
64

神庙
78

东方化时期
65

民主制的创立和波斯时期
80

城邦的形成

古风时代一般被分为"古风时代早期"（公元前730年—公元前580年）和"古风时代晚期"（公元前580年—公元前490年），不过权威学者都将古风时代的开端定于约公元前1000年。为了简化历史分期，本书的"古风时代"特指"黑暗时期"（公元前9世纪或公元前8世纪）结束到希波战争开始之间的历史阶段。古风时代初期在文化上的特征是书写的广泛传播和城邦的建立。城邦是人口的共同体，该词指的并不是聚落的物理结构，而意在强调居住于其中的人，也就是体制上的公民。在东方，有防护墙围绕的人类聚落已存在了上千年，但城邦的出现却将自由精神引入统治者和被统治者的权力关系中，可谓一项空前的创新。城邦是有机的整体，其间允许地区经济利益的交换、阶级的流动、社会角色的转变及公民（奴隶除外）行使基本权利。

对现代读者来说，要掌握城邦的形成过程很不容易，尤其是有关城市规划的内容，因为实物资料实在稀少。这一现象对最早期的发祥地城邦来说尤为严重，而研究公元前8世纪开始建立的殖民地城邦，明确它们的布局和城市发展反而更容易。我们可以在村庄与古代城市的关系中找到城邦建设最关键的元素之一。迈锡尼世界经历危机之后，城堡及宫殿体系（Asty，意为城市）及村庄地区（Damos）组成的整体系统不复存在或被打散重组，希腊乡间便散布着许多村庄聚落，其基础构成就是"家庭"（Oikoi），这是一种包括了奴隶的大家庭，依靠农业自给自足。贸易很快就成为这一社会结构背后的推动力，因为只有通过剩余农产品的物物交换才能为这些家庭带来他们不能生产的物品。经济上的活力使得一些地区的国王（Basileis）和大家庭的财富增加，加速了社会分化。但在聚落中，农业仍然是一切活动的起点。许多村庄结合在一起形成了城邦，古人称这一过程为"聚居"（Synoikismos，意为住在一起）。促成这一变化的主要动机，则是人群要选择一个共同祭拜神明的地方。这样一来，聚落在物理层面（先建造祭坛，再建造神庙）和象征层面（举办宗教仪式）上都得到了巩固，居民还需要选择一个中心地带来碰面、交换货物和参与聚落的管理，这就形成了市政广场（Agora，意为集会之地）。此外，城邦的形成也不依照单一的模式。举个最有名的例子：古代斯巴达就一直维持着村庄化的组织，却拥有一座集会广场和同一个祭拜神明的守护神神庙，即雅典娜查克欧罗克神庙（Athena Chalkioikos），意为铜殿的雅典娜，以神庙强大的象征性将这些村庄凝聚到一起。

从古风时代早期开始，雅典就在雅典娜守护神的宗教中心卫城建造了一座大型综合设施群，还修建了融合了市民集会、议会和政务官办公所在地的市政广场。不过阿提卡地区的人们（包括雅典人）参与社群生活，仍需受其所在的四大部落（Phylai）管理。得益于耕犁应用后所推动的全面"农业革命"，公元前9世纪末人口剧增，群体不再是几何时期"家庭"的集合，而转型为一个统一结构。宗教和市政场所的规模逐渐扩大，赛事、节日和宗教庆典也帮助巩固了共同的归属感和凝聚力。全体市民被号召参与管理"共同事务"（Koinon），共同行使行政权。行政权最初属于国王，后来则属于被称为"执政官"（Archon）的市政长官，他们在特定时期内任职，受法律（Nomos）约束。基于以上所说，城邦被认为是西方历史上第一个由法律管理的国家。

第55页图　红绘陶杯底部圆形画中央的一位优雅骑士（约公元前490年）。（巴黎，卢浮宫博物馆）

第56页图　发现于雅典的一枚银币（公元前500年—公元前490年），背面是雅典的象征猫头鹰，正面是女神雅典娜的头像。（伦敦，大英博物馆）

第57页图　《沉思的雅典娜》石碑展现了雅典娜这位阿提卡城邦保护神的严肃一面。画面中的女神身穿佩普罗斯衫，头戴头盔，倚靠着一支长矛。（雅典，卫城博物馆）

更为密集的贸易和殖民活动增进了人们的互相了解，也对承认城邦共同身份有着决定性的推动力。泛希腊体系由此建立。德尔斐神庙的阿波罗神谕早在公元前8世纪就具有非常重要的地位，神殿是名副其实的"知识沃土"，上千名朝圣者，无论政要还是百姓，都来到这里向神明求神谕。祭司从朝圣者口中收集有关远近城市、人民和土地的大量信息，随后又借助神谕回答将信息分散到各地。

辅佐原本的执政官（称为国王执政官，负责管理宗教事务），后来又出现了六人组成的法官及司法团（Thesmothetes，意为立法者）。贵族国家很快便无法适应殖民时期经济转型出现的新的社会需求（转型带来了手工艺行业和商业的繁荣）及随之而来的人口增长，国内危机重重。在战事中创新使用军事方阵是导致贵族国家衰落的关键因素，这种战术将步兵编进密集的队列，一改以往仅由少数士兵借助战马、

奥林匹亚运动会也在城邦意识的形成上具有同等重要性。从公元前776年开始，每隔四年，希腊全境（最开始是伯罗奔尼撒半岛，随后又扩展到诸岛屿和殖民地）的年轻人都会为这一体育赛事共聚一堂。

公元前8世纪，大贵族家族推翻了王政，将政治权力集中在自己手上，有时贵族也会任命一位临时君主以替代世袭和终生的君主制。约公元前8世纪中期，雅典只由一位执政官统治，其任期长达十年。但从公元前683年或公元前682年开始，执政官任期改为一年，随后出现了作为军事统帅的军事执政官（Polemarch），

战车就可以决定成败的战争模式。重装步兵在战斗中扮演了关键角色，也让他们在和平时代显得尤为重要，尤其是他们对参与管理共同事务的正当权利发出了诉求。这逐渐催生了一群有能力置办武器装备的公民及其所代表的"军团宪政"，这一转变正是城邦民主制的关键一步。法律的编纂也同样重要，特别是刑法的制定，并且规定了债务奴隶这一灰色制度。

城邦间愈演愈烈的敌对气氛贯穿了整个古风时代，有时还导致不同派系群体在参政时发生公开冲突（Staseis，意为叛乱），这也促使由强权家族主持正义向国家司法转变。

第58页左图　这块线条明晰的浅浮雕是阿里斯托克勒斯（Aristocles）为雅典重装步兵阿里斯提昂（Aristion）的墓碑制作的（公元前520年—公元

第58页右图　图为古风时代晚期的浮雕（约公元前500年），画面中有一队或乘战车、或步行的士兵。（雅典，国家考古学博物馆）

第59页图　这只黑绘风格的提手罐描绘了两位持长矛武士的战斗场面，一名在战争中死去的士兵躺在他们脚边（约公元前560年）。（巴黎，卢浮

城邦中的人口被分为三类：拥有全部权力的公民、外邦人和奴隶。一般情况是这样，极少有例外。公民主要来自两类社会阶层：传统贵族、大地主以及由小农户和手工艺者组成的普罗大众。

在斯巴达，公民被称作Spartiate，他们在权力上拥有同等地位（Homoion）。斯巴达人是公元前2千纪末期来到伯罗奔尼撒半岛并打败了阿卡亚人的杜利斯人后代。因为这一优越地位，斯巴达公民可以剥削土地所产而不用自己耕作。他们之下是来自拉科尼亚和麦西尼亚的庇里阿西人（Perioeci，意为周边居民），是没有政治权力的自由民。他们从事贸易和手工业，收入的一部分要上交给城邦，还被要求服兵役。最底下的阶层被称为"黑劳士"（Helots），是杜利斯人到来之前的半岛土著，在被征服后沦为奴隶，是做农活的苦力。

政治上，斯巴达由两位国王统治，负责掌管军队；由28名成员组成的元老院（Gherusia）拥有司法权，负责审判重大罪行；斯巴达公民大会（Apella）负责立法；还有五位督政官（Ephors，意为俯视者）负责公私权力的监督。这是一种极为保守的政体，彻底摒除任何来自外界的影响，而且外邦人不允许住在城邦里，斯巴达人由此拒绝创新和开放。

不过雅典的政治史却是另一幅景象，这是一个极有活力的社会。雅典从君主制进化为以土地为基础的贵族寡头政治，以执政官为首。商人和手工业者组成的新兴商业阶层日益渴望权力，贵族阶层开始面临危机，这导致了公元前6世纪早期的梭伦改革，将劳动阶级也纳入执政层。能否跻身政界取决于个人拥有的财富。市民被分为四个阶级：所有财产在500麦狄尼麦子（1麦狄尼约等于1.5蒲式耳）或500麦垂特油（1麦垂特约等于10加仑）以上的，被称为五百桶户（Pentacosiomedimni）；骑士（Triacosiomedimni，也称Hippeis）阶层的财产需达到300至500麦狄尼和麦垂特的麦子和油；财产为一小块耕土和两头公牛的，被划分为双牛人（Zeugitae）阶级；而最低等的佣工（Thetes）没有财产。只有前两个阶级的公民能够担任执政官。梭伦改革的目的是重建因农户大量欠债和负债为奴而遭到严重破坏的小农经济。梭伦废除了债务奴隶，并采用货币贬值的方法来减轻负债人的债务。不过，其改革最重要的一项措施是建立了陪审法庭（Heliaia，意为人民的集会），成员由三十岁以上的男性公民抽签产生。

雅典人可以向陪审法庭请愿反对政务官的决定，但是无法反对战神山议事会（Areopagus，即最高决策机构）的裁决。在文化上，公元前7世纪至公元前6世纪，书写得到了推广，出现了古风抒情诗。

古风时代是一个殖民的时代，殖民行动远至意大利南部和西西里岛，以及位于今天法国的地中海沿岸、伊比利亚半

第60页图 这尊古典时代的头像方碑下部刻有"梭伦"和"立法者"字样（公元前1世纪），被认为是梭伦的半身像，但也有一些专家认为这是悲剧作家索福克勒斯（Sophocles）的头像。（佛罗伦萨，乌菲兹美术馆）

第61页图 这尊头像方碑刻画的是来自米蒂利尼（Mytilene）的皮塔库斯（Pittacus），他位列古希腊七贤之一，也是一位立法者，生活于公元前6世纪。图中是罗马对原始铜像的复制品（公元前340年—公元前330年）。（巴黎，卢浮宫博物馆）

岛、黑海、达达尼尔海峡和北非沿海。主导这一殖民行动的，有地峡城邦科林斯和迈加拉（Megara）、位于尤比亚岛（Euboea）的哈尔基斯和埃雷特利亚（Eretria），还有爱奥尼亚的米利都（Miletus）。促成殖民浪潮的原因有以下几点：人口增长，城邦间政治紧张加剧，大贵族家族不愿分割他们的土地（为防止财产分散，所有遗产都传给长子，其兄弟姐妹被迫到别处寻找财富），以及开拓新市场的需要。希腊人散居于地中海区域，在贸易和国际关系上处于战略地位，这不仅为他们带来了单纯的物质利益，还有繁荣的文化和艺术。

公元前7世纪开始，僭主为城邦的政治、社会和文化转型创造活力。群体与派系间的冲突让一些大人物逐渐获得强权，其背后支持者是更为活跃的商业阶层（商人和手工艺者），但这损害了贵族地主的利益。作为军队方阵成员的重装步兵地位日益上升，士兵和长官日益密切的联系也帮助那些最勇猛能干的指挥官（通常是贵族成员）爬上权力之巅。库塞普罗斯（Cypselus）、佩里安德（Periander）、庇西斯特拉图斯、波利克拉特斯（Polycrates）这几位僭主的名字不仅和古风时代中、末期的政治史联系在一起，还与希腊文化的发展密不可分。事实上，僭主并不只意味着暴力擅权和滥权，他们的活动反而促进了古风时代末期民主政治的诞生。

几何时期的艺术

公元前8世纪伊始，虽然地区间存在差异，但整个希腊世界在文化上几乎达到了统一。陶器再次成为研究这一阶段最丰富的实物资料。

雅典人在这其中扮演了主角。就器形而言，该阶段作品与原始几何时期的作品并无二致。装饰上，器身简朴的几何图案中开始出现个体小元素，最早是马、野猪和小鹿，然后出现了决斗、陆战和海战场面，还有展现死者的画面。很快，科林斯、阿尔戈斯（Argos）、斯巴达、尤比亚、基克拉迪群岛和克里特岛纷纷效仿雅典，也发展了自己的陶艺。

在几何时期末期的雅典，奠仪瓮得到了广泛的使用，其中最著名的是大师"迪普隆"（Dipylon）的作品。他是西方艺术史上第一位有名可考的艺术家。他的作坊专门制作被用来当作墓地纪念碑的大型陶瓶，因被发现于迪普隆（意为两扇门）附近的墓地而得名。奠仪瓮的出现，证明社会一小部分人手中的财富得到了激增。奠仪瓮的几何装饰显得呆板，人物形象的描绘模式也很单一，直到公元前8世纪晚期仍是如此。人物的头部和腿都以侧面呈现，呈三角形的躯干则朝向正面，手臂细长，小腿和大腿被过度夸张。尽管这些人物仍带着一种死板的几何感，却能轻松搭配一些精致、戏剧性的场景，如战争、海难和葬礼仪式，展现了荷马式诗歌中描述的历史场景和贵族生活。

公元前9世纪末还出现了最早的人和动物雕塑。这些铜制品、象牙和陶土雕像是纯"功能性"的，谈不上美观。雕塑的形状越来越精细，躯干是额外精心制作的，不过仍然缺乏有机的整体感。在对动物（如马）的刻画中，艺术家通过不一致的几何形状实现了矫饰主义的效果：细长的身体，拉长的大腿，尖尖的膝盖，渐宽的长脸和似羽毛的鬃毛。

第63页中图和右图　这尊巨大的铃型人偶来自彼奥提亚（Boetian），身上有复杂的几何装饰（约公元前700年）。（巴黎，卢浮宫博物馆）

第62页图　盖子上有海马雕像的化妆盒（约公元前740年），是雅典几何时期晚期的作品，盒身装饰了这一时期特有的万字纹、钻石纹和花形纹。（巴黎，卢浮宫博物馆）

第63页左图　几何时期风格的酒缸（约公元前750年），来自雅典迪普隆附近的大型墓地。上面密密麻麻的纹饰描绘了死者尸体陈列与运送的场景。（雅典，国家考古学博物馆）

建筑与社会

在所有人类活动中，与一个时代政治、社会结构联系最密切的就是建筑。建筑的发展与社区具体的实际需要有关，无论是宗教上（如仪式场所）还是政治上（如集会场所）。但很快，它们就在具体形式之外又拥有了象征性功能。以神庙为例，在原始几何时代和几何时代（公元前10世纪至公元前8世纪），神庙这一神明的居所和国王的住宅没有差别，外观就是典型的村屋，使用的都是易腐坏的建材：木头、芦苇和生黏土。神庙布局呈矩形或半圆形，有围墙，四周环绕着支撑斜屋顶的桩柱。发现的几座陶土模型为我们提供了这方面的宝贵信息，展现出这些乡村神庙和民居的相似性，比如采用不耐久的建材（从模型上很容易看出表示桩柱和屋顶芦苇束的部分），且缺乏装饰（在一些模型中，神像树立在屋顶上）。

公元前8世纪至公元前7世纪之间，这些建筑超越了功能的局限，获得了象征性价值，开始注重能让人感到惊奇的视觉形象。审美越来越重要，人们开始使用持久的材料（如烧制黏土、石头和大理石），且采用了一种强调建筑各方结构（地板、墙壁、支柱、梁和屋顶）及其装饰的建筑系统：柱式（Kosmos），不同的柱式拥有不同样式的接合点、衔接面和边缘（柱础、柱头、饰带、三角楣）。公元前6世纪，柱式在伯罗奔尼撒、希腊西北部、阿提卡、爱琴海诸岛和伊奥利亚发展出了差异。这些不同的流派最终将建筑柱式规范化，分为多立斯（Doric）式、爱奥尼亚式（Ionic）和伊奥利亚柱式（Aeolian）。世俗建筑也经历了与宗教建筑一样的转型，但因为资料缺乏，其过程更难阐释。体量更小的建筑开始流行，甚至对重要的社群建筑来说也是如此。虽然从古风时代开始，城市就要为市民集会场所划出空间，但这些建筑也变得更为简单了，比如采用了木头看台（Kria）和临时建筑，正如陶瓶所描绘的场景。同样，宗教仪式、节日和赛事场所也采用了更基础的结构。公元前6世纪，终于出现了市政建筑的杰出案例。根据阿格里真托、梅塔庞托（Metapontum）、大希腊区（Magna Graecia）的帕埃斯图姆和西西里的几座城市的文献记载，城邦中有为公民大会（Ekklesia）建造的会场（Ekklesiasteria）和五百人会议（Boule）的议事厅（Bouleuteria）。根据古风时代的传统，为城市进行规划的人就是城市的创造者。在《奥德赛》第五卷第7—10行中，是那西索斯（Nausithous）竖起了斯克里亚城（Scheria）的围墙，划分了城市土地，建造神庙和分配农田。古风时代全盛期的殖民政策导致人们需要不断面对"新城市"的建设问题。神话中这些城市创造者的原型可能是与当时政客关系密切的殖民首领（Oikistes，意为移民者的领头人）。

第64页左图 图中的赤陶模型来自波拉考拉（Perachora），是世界上发现得最早的陶土模型之一（约公元前750年）。这是一座典型的家居住宅，带有天井、后室和上凸的屋顶。（雅典，国家考古学博物馆）

公元前7世纪也被称为东方化时期。艺术家打破几何结构的平衡感，找到了创造生动形象的可能。这一绝佳转变的灵感正来自东方这个文化大熔炉。

虽然地区差异明显，但古风时代艺术品的质量普遍都很高。严谨的工艺态度被真正的艺术气质所取代，每一件成品上艺术家自豪的刻名就证明了这一点。

东方化时期是巨型雕像，也称代达罗斯式（Daedalic）雕像的诞生期。这一流派的创始人雕塑家代达罗斯（Daedalus）一直被认为是"逼真"塑像的发明者，他的作品空间比例协调，一改前代的原始僵硬感。这些作品的特点是具有清晰的身体结构，雕刻合理，展现出近乎建筑的宏大外观。无论是裸体的少年塑像（Kouros）还是穿衣的少女塑像（Kore），其作品都在追求人性和神性的理想之美。因为是平面构图，要刻画眼睛和嘴巴等曲线元素，就要采用提高眼角和嘴角的技法，结果就是雕塑人物似乎都带着一丝微笑。这种"古风式微笑"便是今天的人们对这种艺术的第一印象。在爱奥尼亚和希腊东部的雕塑艺术中，就是这样对平面细节加以改造，在弧面实体（类似圆柱体）上雕刻，多立斯雕塑则仍维持着方正的外观。

雅典和科林斯这两大陶器中心仍持续生产出高质量的作品。雅典仍忠实于制作大型作品的传统，出现了画匠安那拉托斯（Analatos Painter）和画匠波利斐莫斯（Polyphemus Painter）等重要艺术家，他们以高超的描线、用色和雕刻技法创造出非凡的画面，展现神话篇章的叙事场景。东方化的修饰手法和装饰图案极大丰富了当地作坊的产品。不过，同样采用东方图案（真实动物和怪兽的形象、花朵图案、列队的士兵、舞者和音乐家）的科林斯产品就略显随意和粗犷，最终在公元前7世纪被超越。

第64页右图 来自阿尔戈斯赫拉神庙（Heraion of Argos）的黏土神庙模型（约公元前700年），上面的绘画纹饰展现了建筑中用到的木工技法。（雅典，国家考古学博物馆）

第65页图 来自忒拜的双耳瓶浮雕近景（约公元前680年），展现了杀死蛇发女妖戈尔贡的画面。装饰带有东方化时期的典型元素，比如动物图案和式样奇特的花纹。（巴黎，卢浮宫博物馆）

第66页图 这件科林斯陶器制作于公元前6世纪中期,上面的主要图案有猫、狮身人面怪物斯芬克斯、鸟身人首怪物塞壬和戈尔贡的面具。(伦敦,大英博物馆)

第67页图 图中的赤陶女子头像来自忒拜,是建筑物山墙装饰上斯芬克斯像的头部(公元前6世纪)。(巴黎,卢浮宫博物馆)

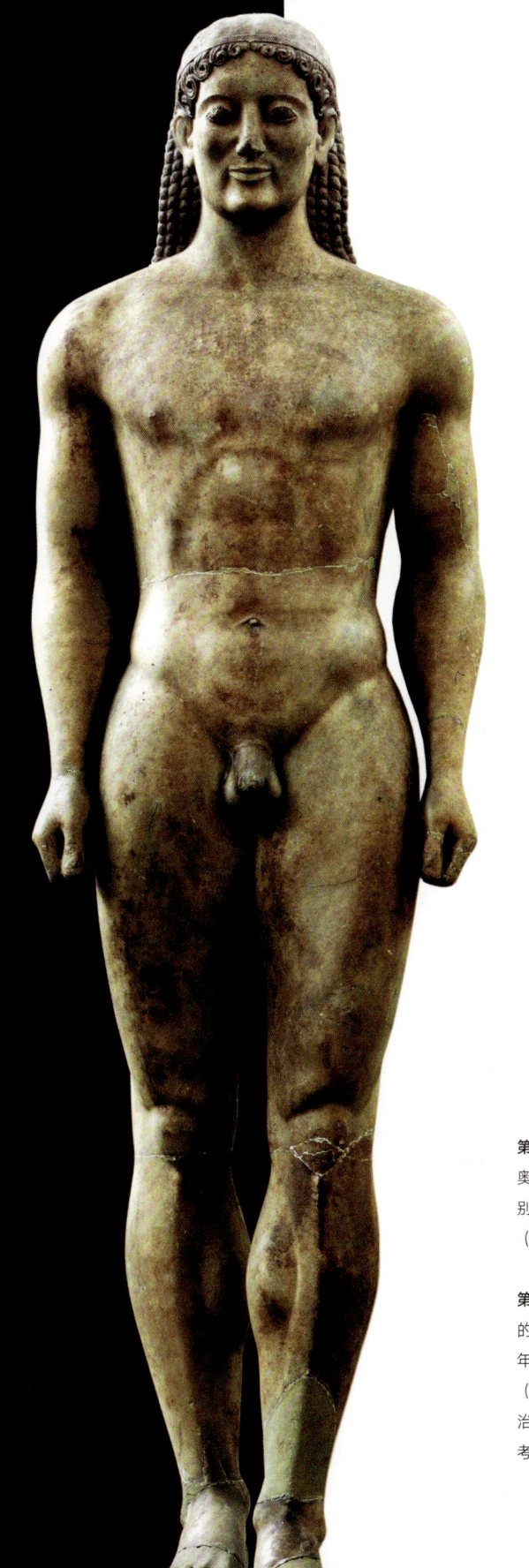

第68页图 这尊来自雅典卫城的年轻女子像属爱奥尼亚风格,特别是其复杂缠绕的优雅发型,有别于古风时代晚期的雕塑(约公元前525年)。(雅典,卫城博物馆)

第69页图 图中来自阿纳维索斯(Anavyssos)的男青年塑像是一尊死者雕塑(约公元前530年),献给来自贵族家庭阿尔克马埃翁家族(Alcmeonid)的克里萨斯(Cresus)。雅典政治家克里斯提尼也来自这个家族。(雅典,国家考古学博物馆)

第70—71页图、第70页左图 这两幅图是一尊男青年塑像基座上所雕刻的健身场景浅浮雕（公元前510年—500年）。该基座一侧（上图）的浮雕画面描绘了几名在玩球的青年，可以注意到艺术家对人体结构进行了精细地刻画，营造出抽象的紧张气氛。（雅典，国家考古学博物馆）

第71页右下图 这幅生动的浮雕来自基座另一侧。艺术家用完美的远近透视法展现出猫和狗正在打架的画面。（雅典，国家考古学博物馆）

71

成熟的古风雕塑

艺术家的大量流动带来了更密集的交流，最首要的受益领域就是雕塑。美惠三女神（Charis）所代表的爱奥尼亚式优雅与阿提卡雕塑坚固壮实的风格融合，产生了一系列杰作。如约公元前570年的《荷犊的男子》（Moschophoros）、《让柏的骑士》（Rampin Horseman）以及约公元前540年的《穿多利安式羊毛衣裙的少女像》（Kore in Dorian Peplos）和一系列大型少女雕塑，其中包括《马赛的阿芙洛狄忒》（Marseille Aphrodite）。这些雕塑用简单的姿势（手拿礼物、献上贡品或是害羞地牵起长袍一角）化解了古风时代雕塑的僵硬感。但与此同时，端庄垂下的衣物、轻薄织物上的细纹连同斗篷生硬的褶皱，都带着阿提卡风格特有的坚实质感，压倒了爱奥尼亚风格的浮夸和矫饰。

对于现代学者来说，僭主庇西斯特拉图斯治下的雅典是个极好的窗口，可以窥见希腊人思想的重要一面，即在特定历史、经济、社会和文化时期下，神话和造像艺术也具有政治功能。

比如，大力神赫拉克勒斯所受的磨难就是非常流行的题材，常在各地（如雅典）陶器上出现，尽管这位英雄既不是爱奥尼亚人也不是雅典人，而是杜利斯人。不过只要雅典主神雅典娜是赫拉克勒斯的保护神就足够了。通过向赫拉克勒斯神话靠拢，庇西斯特拉图斯巧妙运用这一关联性来增强与雅典娜女神、雅典之间的联系，让他的掌权显得名正言顺。大量雅典陶瓶描绘了赫拉克勒斯在雅典娜的陪伴下升上奥林匹斯山的场景，清楚地反映出这位英雄被用于政治目的。参

考希罗多德对庇西斯特拉图斯在短暂放逐后回到城邦的描述就再明显不过了，他正是乘坐一辆战车回到了卫城，车上还站着一位身穿雅典娜服饰的高大女子，仿佛是雅典娜护送他回来。当时卫城小型神庙的三角楣也表现了这一趋势，但似乎更偏向于纪念性质。三角楣雕刻了赫拉克勒斯的十二项试炼，充满活力的人物形象让人印象深刻，雕刻有三个身子的怪兽的著名三角楣就是绝妙的例子。

公元前6世纪末，艺术家安特诺尔（Antenor）也为德尔斐阿波罗神庙的三角楣创作了宏大壮丽的雕塑，如今只剩下了碎片。

第72页图　这尊名为《荷犊的男子》的雕像采用了立体而富有韵律的手法雕刻了一位肩扛牛犊的男人，是雅典人隆伯斯（Rhombos）献给卫城的祭品（约公元前570—公元前560年）。（雅典，卫城博物馆）

第73页图　这尊雕像名为《让柏的骑士》（约公元前550年），图中蓄胡须、头戴王冠的男子强调了古风时代晚期雕塑的高贵典雅，仍带有精美的风格化细节。（巴黎，卢浮宫博物馆）

第74页图 这件阿提卡黑绘陶杯是画家埃克塞基亚斯的作品（公元前550年—公元前540年）。画面中的酒神狄俄尼索斯坐在一艘船上，桅杆被描绘为结满葡萄的藤蔓，画面设计优美流畅，又不失繁复。（慕尼黑，州立文物与雕刻博物馆）

第75页左图 这只黑绘陶杯是画匠N（Painter N）的作品（公元前540年—公元前520年），他是一位来自尼古斯汀（Nikosthenes）作坊的不知名大师，"发明了"许多陶器器形。（慕尼黑，州立文物与雕刻博物馆）

第75页右图 这件著名的弗朗索瓦酒缸是陶匠艾戈提莫斯和陶瓶画家克里提亚斯合作的作品（公元前570年），描绘了一系列神话场景。这件雅典作品的风格也受到了竞争对手科林斯陶器的影响。（佛罗伦萨，国家考古学博物馆）

我们注意到，在陶瓶画领域，公元前7世纪早期的原始阿提卡风格作品风头远胜科林斯的作品。阿提卡陶瓶的纪念性质逐渐淡化，器形得到了改进，画面语言日臻完善，艺术家采用了清晰的构图，并将装饰符号有序排列，使用科林斯陶器特有的风格化细节。这一时期的杰作是克里提亚斯（Kleitias）为陶匠艾戈提莫斯（Ergotimos）创作的陶瓶画。这件名为《弗朗索瓦双耳陶缸》的作品绘有许多神话场景：包括忒修斯杀死弥诺陶洛斯之后，和阿里阿德涅及雅典的孩子们共同起舞的画面；珀琉斯和忒蒂斯的婚礼；还有阿喀琉斯伏击特洛伊洛斯的画面。此时的阿提卡艺术家已经掌握了所有技巧，善于运用一切工具媒介，将雕塑的坚实结构移植到陶器中，并采用了一种被称为"黑绘"风格的技法，使叙事场景生动精美，画面优美典雅。公元前550年至公元前530年间，尼阿库斯（Nearchos）、利多斯（Lydos）和画匠阿玛希斯（Amasis Painter）等陶瓶画家将古风时代的画面语言转变为更流畅美观的表达。活跃于公元前530年的画家埃克塞基亚斯（Exekias）最喜欢描绘戏剧性场景，展现庄严、高贵，如史诗一般的恢宏效果，如现存柏林的著名丘西（Chiusi）安法拉瓶，描绘了埃阿斯王（Ajax）扛着阿喀琉斯尸体的场景。

公元前530年，陶匠安多基得斯（Andokides）的作坊开始运用一种新的绘画技法。原本匠人在陶瓶的红色背景上画黑色人物，他却反其道行之，将人物涂成红色，其余地方涂成黑色。这一绘画技法让匠人得以用密集、流畅和精细的画笔刻画细节，而不像黑绘陶瓶上只能用雕刻线条来表现人物。这一方法显然更美观，人物呈现出立体效果，而不仅仅是草稿化的线条。杜利斯（Douris）、奥尼希莫斯（Onesimos）、画匠克莱弗拉德斯（Kleophrades Painter）和柏林画匠（Berlin Painter）是公元前6世纪末到5世纪早期的绘画大师。欧弗洛尼奥斯（Euphronios）和欧西米德斯（Euthymides）两位艺术家乐于在大型陶瓶上绘制严谨细致的场景，传达出一种冷静肃穆感与宏大的空间感。欧西米德斯对自己作品的伟大心知肚明，因此在其中一只双耳瓶上，他刻下了一句俏皮话讽刺他的竞争者："这甚至连欧弗洛尼奥斯也做不来！"

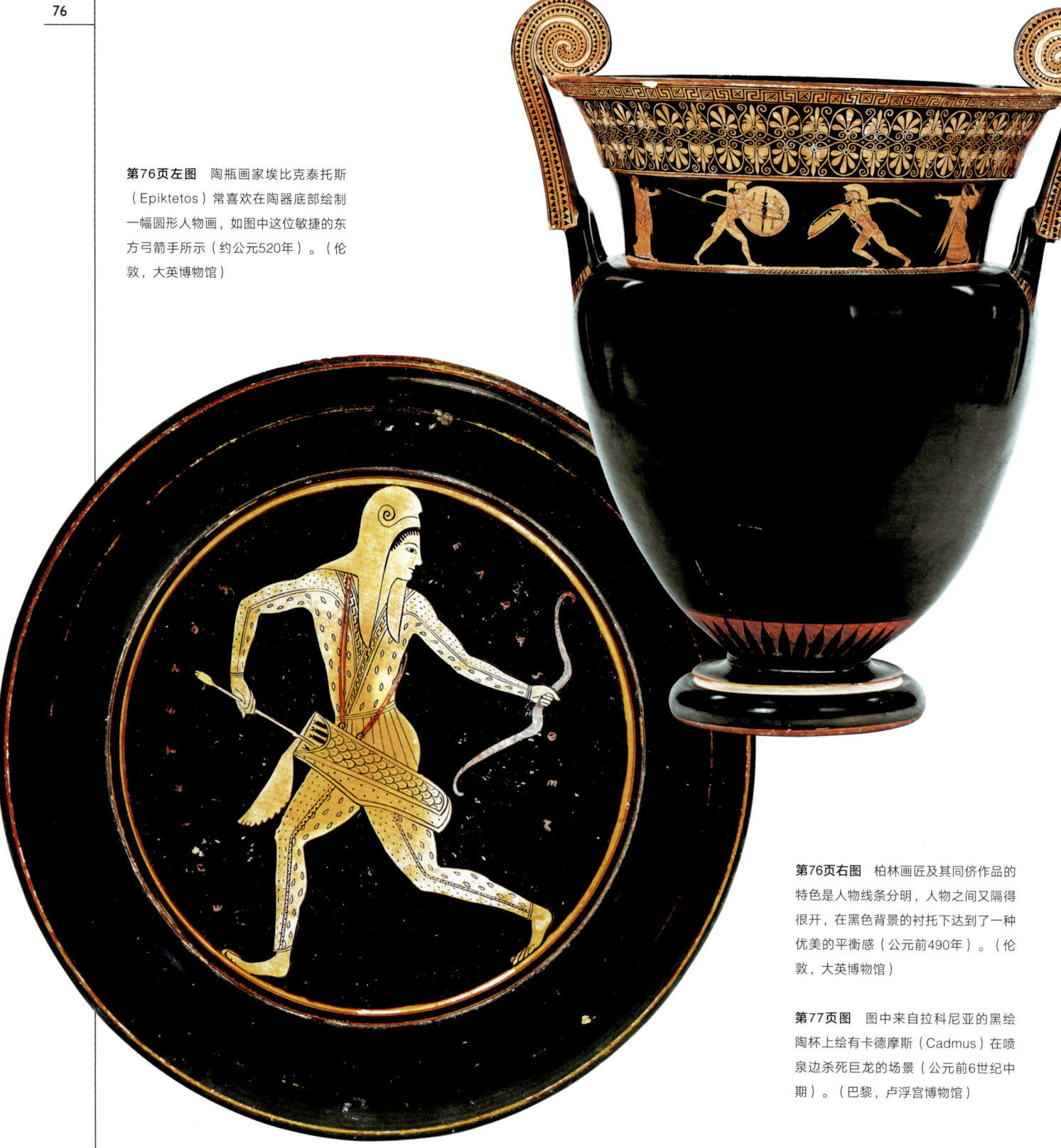

第76页左图 陶瓶画家埃比克泰托斯（Epiktetos）常喜欢在陶器底部绘制一幅圆形人物画，如图中这位敏捷的东方弓箭手所示（约公元520年）。（伦敦，大英博物馆）

第76页右图 柏林画匠及其同侪作品的特色是人物线条分明，人物之间又隔得很开，在黑色背景的衬托下达到了一种优美的平衡感（公元前490年）。（伦敦，大英博物馆）

第77页图 图中来自拉科尼亚的黑绘陶杯上绘有卡德摩斯（Cadmus）在喷泉边杀死巨龙的场景（公元前6世纪中期）。（巴黎，卢浮宫博物馆）

神庙

正如我们所知，神庙在形制和艺术性的发展上一直都伴随着永生的概念，所以务必要为神庙赋予象征性和理想性的价值，而不仅是考虑其实用目的。因此，人们在神庙的建设上尝试了各种实验道路，到公元前6世纪中期，终于摸索出两类和谐的标准化建筑形式，即多立斯柱式和爱奥尼亚柱式（科林斯柱式要到很久以后才出现）。

古风时代晚期，城邦间互相竞争，僭主渴望得到威望和人民的认可，各城邦急需让殖民地承认希腊文化和势力，提升泛希腊地区圣地的重要性，这些都是建筑全盛的根本原因。此外，这一时期的米利都及爱奥尼亚全境都在科学上取得了巨大进步：泰利斯发展了算术和几何学；米利都哲学家阿纳克西曼德和阿那克西米尼（Anaximenes）被认为是实证方法、科学和技术运用的奠基者；还涌现出米利都的赫卡泰奥斯（Hecataeus）、萨摩斯的毕达哥拉斯和克罗顿（Croton）的阿尔喀迈翁（Alcmaeon）的研究成果。

文献中记载了科林斯在多立斯建筑发展中的重要角色。在其殖民地科西拉岛（Corcyra）上，有一座比阿波罗神庙（约公元前540年）更古老的阿尔忒弥斯神庙（公元前580年），是结构（界限分明的柱廊和内殿，比例恰当的柱间距，饰带上陇间壁和三角槽排档之间的和谐搭配）与装饰（三角楣上的戈尔贡浮雕）和谐融汇的最早范例。

此外，萨摩斯岛的赫拉神庙（公元前570年至公元前560年）和以弗所（Ephesus）献给阿尔忒弥斯的神庙（公元前560年至公元前550年）都被认为是古风时代爱奥尼亚风格最伟大的建筑。这些庞然大物般的建筑简直不似人工所造。实际上，这座以弗所的阿尔忒弥斯神庙还被古人认为是世界七大奇迹之一。神庙高54.8米，长115米，四周环绕有两层8×21的柱子（其中36根柱子的底座雕刻有人物游行画面），内殿上方开有天窗。

第78页上图　萨摩斯的赫拉神庙，布局清晰可见。这座神庙是僭主波利克拉特斯于公元前538年至公元前522年在建筑师罗伊克斯（Rhoikos）的原址上重建的，原作被毁于一场地震，一说是大火。

第78页左下图　科林斯的阿波罗神庙（公元前550年）。

第78页右下图　萨摩斯岛赫拉神庙前方，圣殿和仪式场所的基座。

第79页图　科孚岛（Corfu）阿尔忒弥斯神庙三角楣中央巨大的戈尔贡逃跑像（约公元前585年）。（科孚岛，考古学博物馆）

民主制的创立和波斯时期

雅典人梭伦在公元前594年至公元前593年颁布的法律是希腊迈向民主制重要的第一步。同样，公元前510年，僭主庇西斯特拉图斯之子希庇亚斯在斯巴达的帮助下被放逐后，雅典的克里斯提尼也针对根本体制进行了利于人民的改革。克里斯提尼在公元前508年被选举为执政官，将阿提卡按地区划分为十个部落，重组了原本由权势家族和宗派组成的四大古老部落。新划分的十部落中，每个部落又被划分为三分区（Trittyes），区域内包括城市地区、海滨地区和山区，以此打破或削弱大家族间的联系和经济利益，以便提升城邦中普通人的地位。克里斯提尼对三分区再进行评定和细化，细分为一百多个民区（Demoi）。每个市民都要在所居住的民区内登记。因此在档案中，个人的身份由所在区来代表，而不是他的姓，这反映了从"贵族"名（至少对那些贵族来说是如此）到群体共同名的转变。十部落中，每个部落抽签选出五十人参加五百人会议，五百人会议任期一年，由十组五十人团轮流进行管理，每届五十人团任期约为三十多天，享有行政权和管理权。五百人大会的任务是为国内外政策制定大纲，然后经公民大会讨论投票，以此获得可与战神山议事会（Areopagus，即贵族议会）相抗衡的权力。克里斯提尼努力想让全体公民都拥有管理公共事务的充分权力（尽管这些公民实际上只占人口的一小部分，女人、外邦人和奴隶都不算在内），也试图削弱"政治利益团体"（类似今天影响竞选的财团）的势力。

公元前6世纪到公元前5世纪的政治图景中，"波斯问题"始终不容忽视。波斯在公元前6世纪征服吕底亚，随后国王居鲁士大帝（Cyrus the Great，约公元前559年—公元前530年在位）的扩张大军挺进小亚细亚，结束了亚洲沿海希腊城邦的自治。接下来，大流士一世（Darius I，约公元前522年—公元前486年在位）征服了埃及（公元前525年）、色雷斯和马其顿（公元前513年—公元前512年），希腊面临的政治和经济形势更为严峻。实际上，吕底亚一直都是希腊城邦在亚洲的被保护国，为希腊经济繁荣贡献了一臂之力。但波斯人对吕底亚的控制更为严苛，还通过安插效忠于波斯大帝的僭主来加强统治，最终损害了希腊在该地中海区域的贸易。当地逐渐滋生的不满之火在公元前500年形成燎原之势。叛乱最开始出现在米利都，然后发展到其他爱奥尼亚城市。但来自母邦的援军力量微乎其微（只有雅典和埃雷特利亚派出了几艘战船），波斯的有力镇压很快就结束了公元前494年的叛乱，米利都在同年被占领摧毁。希腊人出离愤怒，但更重要的是，他们敏锐地意识到了波斯对希腊大陆的威胁，这促使雅典和斯巴达签订了一份军事同盟协议。

波斯人来势汹汹的统治只限于爱奥尼亚，但此处离雅典大陆这个自由深植于其民族精神的地方并不远，这激发了他们想要直捣中心的野心。为了惩罚雅典和埃雷特利亚，公元前490年，一艘巨大的波斯军舰航向了这片大陆，征服了基克拉迪群岛并在尤比亚登陆。摧毁埃雷特利亚后，波斯陆军进攻阿提卡，但在马拉松遇到了雅典战略统帅米泰亚

第80页图　这件精美的浮雕来自马拉松（约公元前500年），雕刻了一位头戴阿提卡头盔，全身赤裸的重装步兵，采用了古风时代特有的折膝跑姿势。（雅典，国家考古学博物馆）

德（Miltiades）。他采用重装步兵战略，在一小支普拉蒂亚军团的帮助下，成功击败了人数远超己方的波斯大军（斯巴达援军直到战争结束才赶来）。波斯军队由将军达提斯（Datis）和阿尔塔斐尼斯（Artaphernes）带领，一同前来的还有波斯想扶持成为雅典僭主的庇西斯特拉图斯之子希庇亚斯。这场胜利的重要性对雅典而言远超军事范畴，为庆祝胜利，雅典人建造了一座葬礼纪念碑来缅怀死去的200位士兵，关于这场战役的记忆注定永久流传。

接下来的几年，雅典的民主制和社会结构得到了全面巩固。执政官泰米斯托克利斯（Themistocles）希望将雅典打造成一个海洋贸易帝国，其推行的一系列政策具有决定性作用。他为城邦建造了一艘庞大的军舰（也可用作防御），船员都是没有财产的佣工阶层。但随着船员开始切实参与到城邦管理中，他们也获得了政治上的重要地位。

公元前480年，波斯国王薛西斯一世（Xerxes I，公元前485年—公元前465年在位）决定为父亲大流士一世复仇并征服希腊。对希腊来说，防御似乎很难，但也不是不可能。一听到波斯将采取大规模军事行动，希腊城邦间就达成协议，形成统一阵线，尽管内部也有反对的声音。一支由斯巴达国王列奥尼达斯（Leonidas）带领的4000人伯罗奔尼撒重装步兵团前往温泉关（Thermopylae）这一通往希腊中部的大门，而雅典战舰则在尤比亚的阿尔泰米夏（Artemisius）待命。虽然波斯人攻克了温泉关（列奥尼达斯带领的300名英勇斯巴达人牺牲），随后又占领雅典，但雅典海军却在萨拉米斯（Salamis）大败波斯军队，由此奠定了胜利的基础。公元前479年，希腊更是在普拉蒂亚战役中胜出，迎来了希腊对东方独裁的最终胜利。

第81页图　一尊头戴阿提卡头盔的将军半身像。传统上认为是泰米斯托克利斯像，但一些专家对此存有争议。这是一件罗马时期的复制品。（那不勒斯，国家考古学博物馆）

3

古典时代

艺术：严肃风格
84

伯利克里时期的雅典
106

古典时代的伟大圣地
130

伯罗奔尼撒战争
（公元前431年—公元前404年）
140

社会
143

艺术：严肃风格

公元前449年，塞浦路斯岛上的最后一场战役以希腊的胜利告终，希波战争正式结束，雅典领导的提洛同盟与波斯签下卡利阿斯和约（以前去谈判的政治家卡利阿斯命名），确定了雅典在爱琴海地区的控制权。除了军事上的领先，当时的雅典领导人伯利克里（Pericles）也致力于将雅典打造成在政治、经济和文化上的强大城邦，创造了伯利克里时期的一系列"奇迹"。但要理解这些盛举，我们必须回顾和考虑所有使其成为可能的历史环境。

希波战争结束后，打败了波斯的雅典和斯巴达展开了对希腊霸主地位的争夺，开始加强各自势力：拉西第梦人（Lacedaemonians，即斯巴达人）在陆地，雅典人则在海上。公元前478年，雅典建立起了提洛同盟，也称提洛–阿提卡同盟，成员是雅典领导的几座城邦和爱琴海岛屿，与早前斯巴达创立的伯罗奔尼撒同盟相抗衡。提洛同盟宣称，其创立是为了抑制波斯的威胁，但实际上是为了联合盟国以达成城邦帝国主义的目标，盟国必须上交一笔税用于军舰的维护。十名雅典官员负责管理这一同盟财产。公元前454年之前，共同财产金库一直在提洛斯，然后被转移到雅典。

在斯巴达，城邦中两大最重要的力量发生了冲突：国王对内政采取更开放的态度，允许进行准民主化的讨论，而五

名监政官（Ephors）则坚决拥护保守政治。此时，雅典正采取一系列措施来巩固城邦政治和经济，加强商业扩张力度。最先是政治上的举措，比如改革陪审法庭（Dikasteria，前身是克里斯提尼、梭伦时代的民法庭）和分配制度（Klerouchiai），建立殖民地体系以监视盟国。随后开始兴建大型公共工程，这时期最著名的成果是修建了一直延伸到比雷埃夫斯（Piraeus）的"长墙"。所有这些措施都将城市大众与国家利益事务紧密联系到一起。米泰亚德之子客蒙（Cimon）领导的保守派和泰米斯托克利斯领导的革新派之间展开斗争，后者中又分裂出厄菲阿尔特（Ephialtes）所代表的激进民主派。伯利克里就是在这几方角逐的情形下当选为将军，平息了纷争。他的上任标志着雅典民主派的胜利。

在希波战争到伯利克里时代之间的这段时期，艺术的主流风格被现代评论家认为是"严肃"的，因为其与带有独特笑容的古风时代艺术有着很大的不同。

有关严肃时期艺术的第一手资料和实物相当碎片化，但文献和碑铭资料为我们提供了有关这一时期艺术家和作品的大量信息。

就雕塑而言，"波斯威胁"导致爱奥尼亚艺术家纷纷迁徙，在希腊大陆各地（主要是雅典）开设了大量作坊。公家订单和私人订单一起增长：为了纪念希波战争激动人心的胜利，也因为与其他城邦竞争的需要，每座城邦都献上了还愿祭品（Anathemata）。目标相当明确，就是要树立他们的威望，尤其是在泛希腊地区的圣地。这一时期的伟大雕塑主要是铜像，创造这些作品的主要雕塑家有：阿尔戈斯的阿基雷德斯（Ageladas），埃吉那岛的奥纳塔斯（Onatas），西锡安（Sicyon）的卡那丘斯（Kanachos），雅典的克里托斯（Kritios），赫吉亚斯（Hegias）和赫格西亚斯（Hegesias），还有来自意大利南部雷焦（Rhegion）的毕达哥拉斯。除了大量的小型雕塑（如花纹铜器、三角祭坛和镜子），还有一些大型杰作也通过大理石复制品流传下来。如著名的雅典《刺杀僭主者》雕像组，又名《哈尔摩狄奥斯和阿里斯托革顿》（Harmodius and Aristogeiton），是克里托斯和内希欧特斯（Nesiotes）的作品；以及卡拉米斯（Kalamis）的《阿波罗坐在翁法洛斯上》（Apollo Sitting on the Omphalos）和《阿芙洛狄忒索桑德拉》（Aphrodite Sosandra，意为人类拯救者）；还有米隆（Myron）的《掷铁饼者》（Discobolus）和《雅典娜与马西亚斯》（Athena and Marsyas）雕塑组。不过仍有很多青铜杰作，学界至今还未确定其作者。如发现于德尔斐的《赛车手》（Charioteer）铜像，阿特米西昂海角（Cape Artemision）的《宙斯或波塞冬像》，和其他的大理石作品，如奥林匹亚宙斯神庙三角楣上的雕塑。

研究古代艺术的著名历史学家乔瓦尼·贝卡提（Giovanni Becatti）认为，这些充满活力且体量巨大的严肃风格作品，似乎反映了经历过希波战争的一代雅典人对英雄的解读。人物身材健壮，圆润自然，艺术家不再像古风时代一样对烦琐的装饰性细节过分专注，而转为创作整体更协调有机的作品。雅典卫城的《克里托斯男孩》（Kritios Boy）被认为是严肃风格的体现：雕塑打破了古风时代人像头部面向前方的铁律，头部稍稍扭转，一种新的力量感与韵律感在空间上为全身带来了更强的对立平衡。卡拉米斯的《阿波罗阿利克斯卡奥斯》（Apollo Alexikakos，意为驱魔者）更是体现了艺术家对这类主题的自由表达，这尊雕像也被称为《阿波罗坐在翁法洛斯上》。《刺杀僭主者》雕像上则迸发出充满活力与力量感的艺术气场。相反，《阿芙洛狄忒索桑

第82页图 一块来自米洛斯（Milos）的祭品浮雕圆形画的碎片（约公元前460年），雕刻的是一位女神的头像，可能是阿芙洛狄忒。（雅典，国家考古学博物馆）

第84页左图 这尊青年塑像是雕刻家克里托斯的作品（约公元前480年），有力地展现了严肃时期艺术所盛行的理想的运动员审美。（雅典，卫城博物馆）

第84页右图 《刺杀僭主者》是公元前477年—公元前476年克里托斯和内希欧特斯的作品。（那不勒斯，国家考古学博物馆）

德拉》的面部却传达出内敛的优雅，包裹身躯的长袍将她的沉着、优美和平静表达得淋漓尽致，同时身上的几处褶皱又赋予长袍下身体无限的动感。德尔斐《赛车手》的原作铜像被认为来自伯罗奔尼撒地区。这件作品的衣物展现出如建筑一般的简洁大气，四肢和头部充满强大的动感，尽管仍遗留了一丝古风时代的风格化细节，最明显的一处是头发。阿提卡艺术品中的翘楚《掷铁饼者》是雕塑家米隆的作品，他对雕塑节奏的塑造深有研究：捕捉了运动员将要丢出铁饼的瞬间。这尊雕塑的人物肌肉结实，重心集中于手臂划出的宽大半圆，其有力的躯干也构成一道曲线，两个弧形之间达到了一种对立与平衡。

第86页左图　来自尤比亚阿特米西昂海角、纪念希波战争胜利的海神波塞冬青铜雕像，一些学者认为是宙斯像（公元前470年—公元前460年）。（雅典，国家考古学博物馆）

第86页右图　米隆的《掷铁饼者》无疑是古典时代最著名的作品（公元前450年），雕塑捕捉了运动员在掷出铁饼时浑身散发出的张力。（梵蒂冈城，梵蒂冈博物馆）

第87页图　著名的《德尔斐的赛车手》是杰拉（Gela）僭主波琉萨洛斯（Polyzalos）为庆祝德尔斐赛车比赛的胜利而下令制作（约公元前475年）。（德尔斐，德尔斐博物馆）

艺术评论家一致认为，能够称得上严肃时期巅峰作品的，还要数奥林匹亚宙斯神庙的三角楣及陇间壁的浮雕（主题是赫拉克勒斯的十二项试炼），它们由公元前460年一位不知名的大师创作。两块三角楣上雕刻了当地的神话场景。东面场景是即将在宙斯面前展开的战车比赛，双方分别是年轻的珀罗普斯（Pelops）和国王俄诺马厄斯（Oenomaus），他们为争夺国王的女儿希波达米亚（Hippodamia）而战。西侧三角楣的画面是忒修斯和佩里图斯（Peirithoos）在阿波罗的帮助下与半人马族鏖战。雕塑中，充满有机活力的结实肉体与密集厚重的衣物相得益彰，形式非常生动，但整体展现的画面却比较简单，原因是为保证整体的统一，细节皆被抹去。两块三角楣唯一的区别是，东侧浮雕气氛沉静，带着一丝肃穆与冷峻，西侧浮雕则采用了更躁动、繁复甚至混乱的构图。在两块楣饰中，我们第一次见到了对人物面部关键特征的刻画，但艺术家对人物表现力的探索仍受到人物类型和心理状态的限制，缺少个人特质的展现（仅按年轻人、老人、痛苦或高贵等类型来刻画）。公元前5世纪前半叶的半身像也仅是对某一类型的人物进行刻画，并不关注个人特征。比如泰米斯托克利斯的头像方碑上雕刻的就是一位典型的将军形象，留着胡须，皱起眉头，头戴头盔。

第88页上图 宙斯神庙东侧三角楣上的浮雕极好地渲染了珀罗普斯和国王俄诺马厄斯之战的悬念氛围；西侧三角楣上则是一场紧张激烈的战斗，忒修斯和佩里图斯在阿波罗的帮助下对抗绑架了拉皮斯人（Lapithae）的半人马族（约公元前460年）。（奥林匹亚，奥林匹亚博物馆）

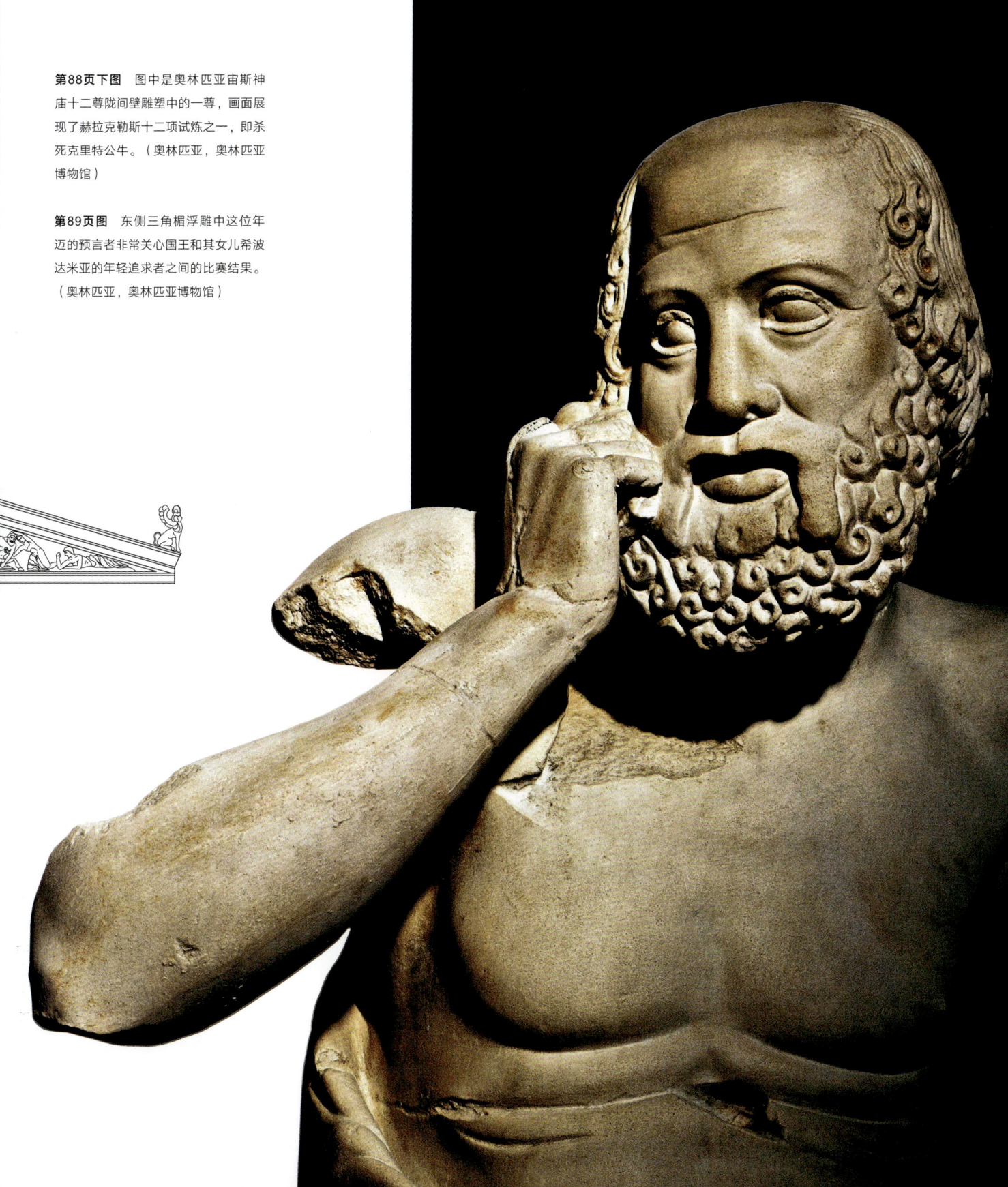

第88页下图 图中是奥林匹亚宙斯神庙十二尊陇间壁雕塑中的一尊,画面展现了赫拉克勒斯十二项试炼之一,即杀死克里特公牛。(奥林匹亚,奥林匹亚博物馆)

第89页图 东侧三角楣浮雕中这位年迈的预言者非常关心国王和其女儿希波达米亚的年轻追求者之间的比赛结果。(奥林匹亚,奥林匹亚博物馆)

绘画上，艺术家巧妙运用稀释的颜料来描绘画面中的明暗对比，随之掌握了前缩透视法。一些古代文献中记载的伟大绘画已经失传，但我们仍可以从陶瓶上看出些许痕迹。特别是我们从陶瓶画上找到了关于民族精神和情感的表达，还有人与灵魂的密切本质。这一时期的绘画大师当属波吕格诺图斯（Polygnotus）。在德尔斐和雅典的大型壁画中，他不仅通过所描绘的神话主题，也通过人物在画面中的位置、姿势和所持物来传递人物情绪（对于面部表情的研究要更晚一些）。画匠彭忒西勒亚（Penthesilea）、画匠波瑞斯（Boreas）和画匠涅奥庇德（Niobid）等几位画家的陶瓶画也很好地展现了这一技法，可见他们为克服陶瓶画线条粗犷和程式化之局限的努力，并追求画面的深度，探求人物在空间中的布局（Skenographia），专注于对用色和大型绘画中光影的研究。

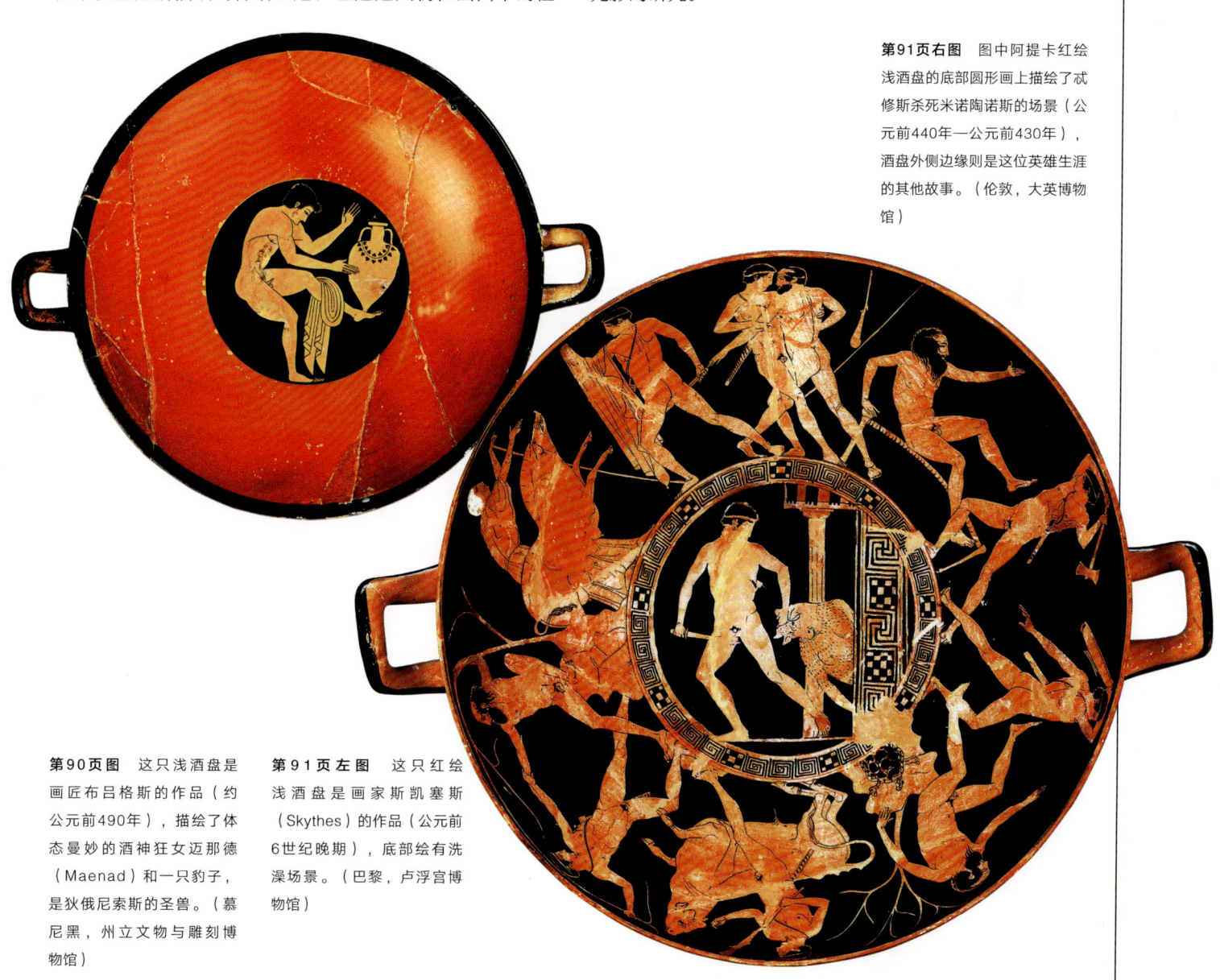

第91页右图　图中阿提卡红绘浅酒盘的底部圆形画上描绘了忒修斯杀死米诺陶诺斯的场景（公元前440年—公元前430年），酒盘外侧边缘则是这位英雄生涯的其他故事。（伦敦，大英博物馆）

第90页图　这只浅酒盘是画匠布吕格斯的作品（约公元前490年），描绘了体态曼妙的酒神狂女迈那德（Maenad）和一只豹子，是狄俄尼索斯的圣兽。（慕尼黑，州立文物与雕刻博物馆）

第91页左图　这只红绘浅酒盘是画家斯凯塞斯（Skythes）的作品（公元前6世纪晚期），底部绘有洗澡场景。（巴黎，卢浮宫博物馆）

第92页右图　这只提水罐是画匠麦迪亚斯（Meidias）的作品（公元前410年），陶罐上部是劫掠留奇波斯（Leucippus）女儿们的画面；下部是赫拉克勒斯在赫斯珀里得斯（Hesperides）的花园里。（伦敦，大英博物馆）

第93页图　画匠涅奥庇德所绘的花萼喷口瓶（公元前470年—公元前460年），上部描绘了潘多拉的诞生，下部画面中是打扮成萨蒂尔的歌舞团。（伦敦，大英博物馆）

第92页左图　这只黑绘陶瓶描绘了俄狄浦斯机智应对斯芬克斯的场景（公元前5世纪早期）。（巴黎，卢浮宫博物馆）

第92页中图　图中的花萼喷口瓶来自陶匠埃宋（Aison）的作坊（约公元前440年），描绘了巨人之战。（费拉拉，国家考古学博物馆）

神庙建筑优雅地述说着从古风时代之浮夸到古典时代之严肃的转变。埃吉那岛上的雅典娜-阿法娅神庙（Temple of Athena Aphaia）是一座小型建筑，神庙外围四边拱廊（Peristasis）的柱子和内殿廊柱营造出密集的明暗交替，紧凑又不失灵动。三角楣上的雕塑也向世人展示着从古风时代到严肃时期的过渡。

艺术中心伯罗奔尼撒的审美讲求活力与力量，而在建筑师利班（Libon）建造的奥林匹亚宙斯神庙中，建筑风格更为收敛，结构间的组合更加和谐。在宙斯神庙中，我们也发现了对视觉矫正的最初尝试，以求观者从远处欣赏建筑整体时能有更平衡的观感。在西西里岛和包括塞利农特（Selinunte，今意大利境内）、阿格里真托、叙拉古（Syracuse）还有波塞冬尼亚（Poseidonia）/帕埃斯图姆在内的大希腊地区，大型神庙庭院都是"视觉矫正"的重要实验场地。

这一时期，建筑的地域性特征和趋势正在消失，人们更重视建筑的节奏感和对称性，更强调部分与整体间的平衡及对装饰的简化，这些方面最终成了古典时代建筑的指导原则。

关注合理性也成了这一时期城市规划的主题，在米利都也发展出了相关流派。

第94—95页图　这尊倒下的士兵像来自埃吉那岛雅典娜-阿法娅神庙东侧的三角楣，是古风时代人物过渡到严肃时期的作品（公元前490年—公元前480年）。（慕尼黑，州立文物与雕刻博物馆）

第96页图　埃吉那岛上将对雅典娜的信仰融入对阿法娅女神（意为"看不见的女神"）的信仰中，该雕像就是一个实例。（慕尼黑，州立文物与雕刻博物馆）

第97页右上图　埃吉那岛阿法娅神庙的三角楣上雕刻了第一次、第二次远征特洛伊的场景，其中有埃吉那岛英雄的参与。

第97页左上图　雅典娜–阿法娅神庙是一座多立斯式建筑（约公元前510年），外围有6×12根柱子，有一间被三条走廊划分的内殿，一座前殿和一座后殿，隔墙的中间还有两根柱子。

第97页下图　雅典娜像伫立在神庙西侧三角楣的中央，身边是埃阿斯王（Ajax Telamonius）和一位特洛伊武士（公元前500年—公元前490年）。（慕尼黑，州立文物与雕刻博物馆）

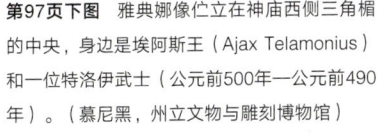

第98页上图 古希腊塞利农特马里内拉山（Hill of Marinella）上的神庙E、F、G遗址，展现出对平面和立面严格的模块化布局。

第98页中图和第98—99页图 在神庙E建筑中，我们发现了一整套精密的视觉修正与比例协调系统，也使这座神庙成了古典时代早期和谐风格的典范。

第98页下图 塞利农特神庙E的陇间壁的神话题材浮雕上可见其对希腊样本的模仿，而厚重的衣物与强有力的情感表达又迎合了当地的品味，带着古风色彩。场景分别是赫拉克勒斯抓住亚马孙人的帽子（左侧）、阿克泰翁（Actaeon）被狗咬成碎片的生动画面（左），以及宙斯和赫拉的结婚场景（右），人物面部由大理石插板雕刻而成。（巴勒摩，地方考古学博物馆）

第102页上图 位于阿格里真托神庙群东南坡的朱诺神庙（Temple of Juno），属多立斯式建筑，建造于公元前5世纪。

第102页左下图 阿格里真托的狄俄斯库里神庙（Temple of the Dioscuri）实际上有点特别，这座"废墟"建造于公元前19世纪。人们在一座公元前5世纪中期的多立斯式神庙附近找到了许多来自不同时期的建筑部分，重建了这座神庙。

第102页右下图 今天的朱诺神庙是1700年左右重建之后的结果。

第102—103页图 建于约公元前440年的阿格里真托和谐女神神庙后来被改造成了一座基督教堂,其和谐的建筑结构也被保存下来。

第104页左图　位于波塞冬尼亚/帕埃斯图姆的赫拉神庙又被18世纪的学者称为巴西利卡（Basilica，意为皇家柱廊，也指流行于古罗马的一种长方形公共建筑，后来延伸为西方教堂的建筑形式），是这一古希腊殖民地最古老的神圣建筑（公元前550年—公元前540年）。

第104—105页图　波塞冬尼亚由特洛伊西纳人（Troezen）建于公元前6世纪初。

第105页上图　巴西利卡前的场地上树立着涅普顿神庙（Temple of Neptune），但实际上是献给赫拉的（约公元前450年）。

第105页下图　波塞冬尼亚的雅典娜神庙也被称作谷神庙（Temple of Ceres），依照了严格的几何比例修建（约公元前500年）。

伯利克里推行的政策无疑鼓舞了大众广泛参与雅典的管理事务。每日发放的公职津贴也足以让所有市民（甚至不那么富裕的人）都有能力担任公职。第三阶层的"双牛人"也可以成为执政官。几乎所有政务官都通过抽签选出，除了一些需要特殊技能或军事技能（将军）的职位。不过，雅典的民主仍是小部分人的民主：只有成年男性且是雅典人的儿子才能成为公民，这也就把外乡人、奴隶和妇女排除在外。实际上，伯利克里自己也时常越权，他自己就能决定与大众利益和城邦安危息息相关的事。简而言之，尽管有种种原则，雅典的民主仍然带着一丝集权的意味。

"所以，在所谓的民主制下，权力实际上还掌握在第一公民手里。"修昔底德的文字清楚道出了这一现象和当权者存在的问题。研究古希腊的历史学家多米尼克·马斯蒂（D. Musti）指出，古希腊民主最主要的特征就是试图在公共和私人事务间找到平衡，调停前者和后者的同时并不降低私事的重要性。伯利克里在他最著名的演讲《致马拉松战役殉国将士悼文》中说道："除开政务，我们这些公众人物也有自己的私事要办；而我们的普通公民，虽然为自己的事业奔忙，但仍是处理公共事务的公正法官。"这反映出公私之间的关系，这两个领域总是难分彼此，甚至在今天其界限也存在争议。现存的希腊史学著作对叙述雅典民主的规则及其运作方式兴趣不大。他们觉得在民主制下，只要有公民参与就能足够保证行动的合法性。因此，重要的是民主实质，而不是决策方法。对于伯利克里而言，民主的实质就是确保公共利益、公民自由，还有法律下的公民人人平等。

对外政策中，除了有克蒙支持的反波斯阵线，伯利克里倾向于反对斯巴达，因为后者有统治全希腊的野心。这就很容易理解他为什么会支持麦西尼亚的黑劳士，这群百年来都在挣扎抵抗斯巴达压迫的底层人民。

和波斯签订和约后（公元前449年），雅典又和斯巴达签署了三十年停战协定，全身心投入提洛同盟的建设，想让其完全服务于雅典帝国主义的建设。为了达到这一目的，雅典开发了苏尼翁角（Cape Sounion）的银矿，打下坚实的经济基础。有了银矿，雅典就可以铸造比金币更轻、更便于流通的钱币：雅典猫头鹰币。公元前454年，雅典又将同盟的共同宝库转移到了卫城，更助长了其经济实力，实际上也为停战协定中没有提到的内容提供了便利资金。伯利克里还准备召集所有希腊城邦都派代表来雅典开大会，为"重建被野蛮人烧毁的希腊神庙"出谋划策，但因为斯巴达的阻挠，大会终究未能开成。这之后，伯利克里便不再顾及国内强烈的反对，一意孤行。公元前450年至公元前449年，他向公民大会提交了一项提议，要求将同盟的共同宝库内的资金用于重建卫城的神庙，作为雅典强盛的标志。在热烈的讨论之后，他的反对者们同意了。

伯利克里时期的雅典

第106页图　这尊伯利克里肖像是罗马复制品，原作是克勒西拉斯（Kresilas）在约公元前440年—公元前430年间为雅典卫城制作的。（柏林，旧博物馆）

第107页图　图中雅典娜的塑像是复制品，发现于克里特岛，原作是西菲索多都斯的作品（公元前4世纪上半叶），其子是雕塑家普拉克西特列斯。（巴黎，卢浮宫博物馆）

十年后，一项大型建筑工程在卫城拉开序幕。尽管官方文献没有明说，但伯利克里实际上就是这项工程的带头人（Epistates，意为主管）。古代文献也把这一工程统称为"伯利克里的作品"（见普鲁塔克的《伯利克里传》）。该工程源于一项重建雅典卫城的计划，包括了黄金象牙制成的雅典娜帕特农巨型神像和她所在的帕特农神庙。"帕特农"本指为女神缝制战袍的贞女，实际上被用于指内殿后的房间，随后被引申为称呼整座建筑。卫城山门（Propylaea）也在此项工程之中，是通向雅典卫城宽阔场地的宏伟入口。此外还有卫城南坡附近的剧场（Odeon），每逢节日就会上演盛大的演出。

其他一些重要工程也可以归功于伯利克里，至少有一部分是他的作品，比如阿提卡的几座大理石神庙。不过，其他建筑则似乎是其反对派克蒙主持的工程，比如卫城入口的胜利女神神庙（Temple of Athena Nike）和市政广场的赫菲斯托斯神庙（Temple of Hephaestus），它们都是在伯利克里去世后完工的。市政广场设施逐渐完善，建立起代表雅典政治空间的议事厅（即五百人议事会会场），还有祖先神阿波罗神庙（Temple of Apollo Patroos）。阿波罗是爱奥尼亚人先祖的父亲和保护神。此外，还修建了自由之神宙斯柱廊（Stoa of Zeus Eleutherios）和宙斯市集祭坛（Zeus Agoraios），以及国王柱廊（Stoa Basileios）、刻有法律条文的石碑和民法庭（Heliaia）的围屋等。克蒙家族在公共广场上又进行了扩建，工程包括供五百人会议五十人团（Prytaneis）办公的圆形屋和彩绘柱廊（Stoa Poikile）。

伯利克里的兴建计划只集中在雅典卫城，并没有包括城邦的生活区。历史学家路易吉·贝茨基（L. Beschi）推测，早于雅典娜帕特农神像几年建造的战神雅典娜（Athena Promachos）青铜像才是整个计划的开端。约公元前455年至公元前450年间，这尊持武器的雅典娜像作为还愿祭品被树立在卫城的开阔场地上，此处曾因波斯人毁坏了古风时代的神庙而一度荒芜。以战神雅典娜像为准，人们确定了雄伟的新卫城山门的所在，雕像也成了通向帕特农神庙的重要坐标。正面是欣赏这一辉煌雕塑的最佳位置。伯利克里工程的执行人和总监是古希腊著名建筑师和艺术家斐迪亚斯（Phidias），他连同建筑师伊克提诺斯（Ictinus）和卡利克拉提斯（Callicrates）共同完成了这项伟业。

据一些学者研究，这项工程开始于公元前448年至公元前447年。新的帕特农神庙修建于一座因波斯入侵而未完工的神庙基座上，完全由朋特里克（Pentelic）产的大理石制成。神庙四周环绕了8×17根多立斯柱，拥有一座前殿和一个创新采用了柱廊的内殿，柱子就像古希腊字母π一样环绕内殿的三边，以容纳女神的巨型雕像。如果采用传统的走道式内殿，就会显得极不相称。神庙中还有一个后室（也就是内殿后的门厅），与神庙的整个内部空间相通。这宏伟的建筑物通体采用4∶9的比例，结构上采用了视觉矫正。比如为平面和水平线设计向上的弧度，让两侧柱子向内殿中央倾斜，以及逐渐减少柱间距和饰带上的装饰元素。

第108页图　曾是迈锡尼城堡所在地的雅典卫城成为了女神雅典娜的崇拜中心，卫城主神庙就是献给她的。

第109页图　这幅卫城的俯瞰图显示出卫城山门和帕特农神庙在一条轴线上，轴线左侧是厄瑞克忒翁神庙（Erechtheion）。

第110—111页图　帕特农神庙的完美比例是古希腊杰出的建筑大师伊克提诺斯和卡利克拉提斯的合作成果，整项工程总监是斐迪亚斯（公元前448/447年—公元前432年）。

第111页上图　帕特农神庙西侧三角楣上雕刻了刻克洛普斯（Cecrops）和他女儿潘多苏（Pandrosus）的故事，图中是现代复制品。

第111页中图　和帕特农神庙一样，慕内西克莱斯（Mnesicles）设计的山门建筑群也完全由朋特里克大理石和埃卢西斯（Eleusis）黑石灰石建成（公元前437/436年—公元前432/431年）。

第111页下图　卡利克拉提斯在卫城城墙上建造了雅典娜胜利女神神庙，位于山门的右侧（约公元前420年）。

第112—113页图 厄瑞克忒翁神庙最出名的部分是门廊的女像柱,这可能是雕塑家阿尔卡美涅斯(Alkamenes)的作品。

第113页图 厄瑞克忒翁神庙建于阿提卡地区最古老的宗教中心,在公元前420年至公元前450年间,这里建立了一些重要的圣殿。

帕特农神庙自身就已足够动人，令人炫目的雕刻装饰更是锦上添花。斐迪亚斯制作了雕塑样本，并亲自雕刻了94块陇间壁中的一部分。西侧画面是亚马孙人之战，北侧是特洛伊的毁灭，东侧是巨人族之战，南侧是半人马之战，这些神话都喻示着希腊文明对野蛮人的胜利。连续的饰带采用了爱奥尼亚柱式（这对多立斯式的帕特农神庙来说是一项创新！），雕刻有泛雅典娜节（Panathenaic）的游行队伍。饰带连同两块三角楣的雕塑（东侧刻画了雅典娜的诞生，西侧则是雅典娜和波塞冬为争夺阿提卡归属权的比赛）展现出斐迪亚斯的大师手笔。黄金象牙制的雅典娜帕特农神像也是斐迪亚斯的作品。这座12米高的雕塑刻画了女神站立手持武器的形象。她盾牌的外侧刻有亚马孙之战的浅浮雕：主要人物是忒修斯和代达罗斯，据说直接用了伯利克里和斐迪亚斯自己的模样，因此他们被指控渎神（Asebeia）。这一事件也标志伯利克里在政治上开始走向衰落。修建这座神庙的花费几乎等于200艘三桨座战船的造价，是雅典之财富名副其实的象征。公元前438年，神庙正式揭幕，但直到几年后才算真正完工。

神庙建筑中各处装饰的和谐统一、容纳雅典娜帕特农巨大神像的完美结构，以及这座巨型塑像和装饰雕塑群之间的融洽，都是伯利克里时代——这一古代史上独有的政治、文化、宗教全盛期——的产物。在雅典城几位最活跃的人物的推动下，女神和她的城市达到了完美的融合。

该时期艺术大师的雕刻作品展现出了浓烈的情感、旺盛的活力和不凡的才华。但重要的是，他们是古典时代艺术最具创新精神的一群人。充满活力的裸体和细节丰富的衣物让人物活了起来，对轻薄近乎透明的织物进行刻画，实际也是在塑造其下人物身体的形态，时而饰以密集厚重的褶皱，时而让衣物微微起伏。更绝的是那些紧致而平整的表面，看上去似乎是潮湿的衣物紧贴在身体上，两者浑然一体。

第114页图　帕特农神庙内殿的饰带上雕刻了在奥林匹斯众神面前举行的泛雅典娜节大游行（图中是东侧浮雕中的波塞东和阿波罗）。（雅典，卫城博物馆）

第115页上图　传统上认为，雅典娜黄金象牙像手持盾牌上的亚马孙之战浮雕中的人物采用了斐迪亚斯和伯利克里的真实样貌。（雅典，国家考古学博物馆）

第115页下图　雅典娜黄金象牙塑像的复制品，发现于雅典瓦尔瓦基恩体育场（Varvakeion Gymnasium），或许可以为斐迪亚斯的杰作提供一个大致的形象。（雅典，国家考古学博物馆）

116

第117页下图 图为东侧三角楣的一部分，画面中，狄俄尼索斯正面对升起的太阳。（伦敦，大英博物馆）

第116页下图 这尊可爱的马头像来自帕特农神庙东侧三角楣的一角，是塞勒涅女神的四马双轮马车的一部分。（伦敦，大英博物馆）

第116—117页中图 图为东侧三角楣浮雕。在奥林匹斯众神的面前，雅典娜从宙斯的脑袋中诞生。（雅典，卫城博物馆）

第116—117页上图 西侧三角楣浮雕雕刻了雅典娜和波塞冬为争夺阿提卡归属权的竞争（图中是雅典卫城博物馆的小型复制品）。

第118—119页图　帕特农神庙饰带北侧雕刻的是运送祭品和水罐的人。（雅典，卫城博物馆）

第119页图　饰带东侧画面中的游行队伍步伐较慢，是一群走向众神的织布者（负责纺织雅典娜佩普罗斯衫的处女）。（巴黎，卢浮宫博物馆）

第120页图 图中是帕特农神庙东侧饰带的阿尔忒弥斯像,刻画了一位古典理想中的人。(雅典,卫城博物馆)

第121页图 这尊头像被称为"拉伯德头像"(Laborde Head),属于帕特农神庙西侧三角楣的伊里斯女神。(巴黎,卢浮宫博物馆)

第122页图　图为里亚切勇士青铜雕像组的其中一尊。其制作年代、制作者和所雕刻的人物都存在争议。一些人认为这两尊青铜像是献给德尔斐雅典宝库的祭品，为纪念马拉松战争的胜利；也有一些人认为这是献给奥林匹亚阿卡亚宝库的祭品；还有人说这两尊雕像是为雅典市政广场的齐名英雄纪念碑制作的。（卡拉布里亚雷焦，国家考古学博物馆）

第123页图　据说青铜武士B刻画的是曾领导雅典军队打赢马拉松之战的米泰亚德或一位阿提卡英雄（约公元前430年），其风格明显受到了波留克列特斯（Polyclitus）人体标准的影响。（卡拉布里亚雷焦，国家考古学博物馆）

第124—125页图　青铜武士A可能是阿伽门农或埃阿斯王像，也许是严肃时期后期所作，受到了斐迪亚斯早期作品的影响（约公元前460年）。（卡拉布里亚雷焦，国家考古学博物馆）

完成帕特农神庙的工作后，斐迪亚斯被召回雅典，创作了世界七大奇迹之一的巨型宙斯像。然后他来到伊利斯（Elis）创作阿芙洛狄忒雕像，又在以弗所参加比赛，为当地阿尔忒弥斯神殿制作其中一座亚马孙人雕像。约公元前432年，他回到雅典，受到了伯利克里反对派的迫害。他被控渎神，锒铛入狱，不久在狱中死去。除了《驱蝗虫者阿波罗》（Apollo Parnopios）、《阿那克利翁像》（Anacreon）和《莱姆诺斯的雅典娜》（Lemnian Athena），还有其他几座雕塑也被现代学者认定为斐迪亚斯的作品，比如《里亚切勇士》（Riace Warriors）雕像组。据说这是纪念阿提卡部落英雄的雕像，是雅典人献给德尔斐圣地祈愿祭品的一部分。这组青铜雕像在一次海难中下落不明，直到20世纪70年代才在里亚切卡拉布里亚（Calabrian）海滨城市的水域被发现。

123

124

参与帕特农大型工程的学徒和艺术家还包括了雕塑家阿戈拉克里图斯（Agorakritos）和阿尔卡美涅斯，这两位掀起了一股发展斐迪亚斯风格的潮流，把其最突出的特征夸张化，并改造其精神内涵，实现了矫饰主义的观感。该风格乐于刻画更具张力的肉体，对织物的雕刻更有绘画感，使其独立于人物和动态之外，质感更宽松，仿佛在轻轻颤动。层叠的褶皱和"潮湿"衣物紧贴的光面繁复交融，来自大师的经验为艺术家与媒介大理石之间的娴熟交流铺平了道路。约公元前5世纪末，斐迪亚斯风格的雕塑中出现了优雅起舞和飞行的造型，此类作品有帕奥纽斯（Paionios）的《胜利女神》和卡利马克斯（Callimachus）雕刻于雅典娜胜利神庙围栏上的浅浮雕，以及公元前375年提莫塞乌斯（Timotheos）为埃皮达鲁斯（Epidaurus）的阿斯克勒庇俄斯神庙（Temple of Asclepius）所雕刻的《马背上的奥拉》。

不过，公元前5世纪下半叶也属于另一位伟大的雕塑家：阿尔戈斯的波留克列特斯。他雕刻的人物是男性运动员的理想形象。我们知道他致力于研究人体，以便确定权威的雕塑规范，还写了一本专著《法则》（Kanon），为根据精准几何比例制作雕塑定下标准。波留克列特斯提出1∶7的头身比，并根据计算拟定人体各部位间的和谐比例，这明显受到了公元前6世纪末和公元前5世纪初数学家毕达哥拉斯理论的影响，这位数学家认为数字是万物的源头。

很多学者将波留克列特斯的《持矛者》（Doryphorus）视作其雕塑规则的典范，而其他学者认为应该是他的另一件作品《库尼斯克斯像》（Kyniskos），刻画了一位约公元前460年举行的拳击比赛中的年轻胜利者。波留克列特斯还制作了《赫尔墨斯像》《赫拉克勒斯像》《戴束发环的运动员》（Diadumenos）和一尊《亚马孙人像》，还为他所属的城邦圣坛建造了一座巨大的黄金象牙赫拉像。他的作品全部采取了一种新站姿，即人物用一条腿支撑全部重量，而另一条腿则放松地微弯。人物的空间节奏感也因此更为自然协调，几组紧张和放松部位的交替营造出活泼但不失平衡的姿态。这些动作也符合解剖学原理，乃是艺术家有意而为之。因此，波留克利特斯现存的少量专著会因公元2世纪医学家盖伦的引用而流传下来，也就不奇怪了。

古典时代另一位关键人物是米利都的城市规划师希波达穆斯（Hippodamus），一提到他就会联想起如下几个词：秩序、平衡、和谐与中庸。希波达穆斯在城市规划领域相当活跃，而该领域与广义政治的联系比今天还要紧密。古代最主要的思想家之一亚里士多德在其著作《政治学》中说道："希波达穆斯'发现了'城市分区。"

早在古风时代，处女地殖民城邦一经建立，很快就拥有了合理的布局，城市空间被呈直角的街道划分开来，可见城市分区早已不是新鲜事，那么亚里士多德的话又是什么意思？

第126页图 奥林匹亚宙斯神庙的《帕伊奥尼奥斯的胜利女神》(Nike of Paionios)(约公元前460年)。(奥林匹亚,奥林匹亚博物馆)

第127页左图 《戴束发环的运动员》是波留克列特斯成熟时期的作品(约公元前430年)。(雅典,国家考古学博物馆)

第127页右图 创作于公元前450年的《持矛者》。(雅典,国家考古学博物馆)

在希波达穆斯对城市所做的规划中，城邦不仅被直线网格划分，还形成了不同的空间：公共生活区、住宅区、生产和手工业区。因此亚里士多德的这句话应这样理解，他并不是说希波达穆斯在城市规划上具有先进性和独创性，而是承认他对现有划分体系进行了创新，在规划中遵循更具逻辑性与时效性的法则，不仅将民主政治理念与城市分区的物理空间联系到一起，也更精确和有效地协调了区域和公共设施间的联动。希波达穆斯提出的规划模型似乎有机地结合了建筑和其所在的区域，形成一种城市枢纽，既连接居住区，又打开了通向公共空间（港口、广场、圣地和露天广场）的便捷通道：这一概念在今天被称为"功能分区"。根据古代文献的记载，希波达穆斯在约公元前5世纪中期重建了比雷埃夫斯港口，这是其规划作品的绝佳案例。希波达穆斯还完善了米利都城市规划学派的经验，并将其编纂成书。很显然，在遭到波斯人毁坏后，米利都的重建计划也遵循了与从前相似的布局，基于满足社区需要的清晰概念。

受到哲学和科研发展的影响（医学家希波克拉底创作了有关自然、气候条件对人体健康和生活方式之重要性的专著），这一时期住宅的结构也开始讲究秩序和明晰的规划。房间一般朝南，有一座中央庭院和朝北的门廊，用以遮蔽住宅的主房间，浴室和礼拜区则位于东西侧。哈尔基斯半岛城邦奥林索斯的住宅中就可以看到这些规范的广泛运用。

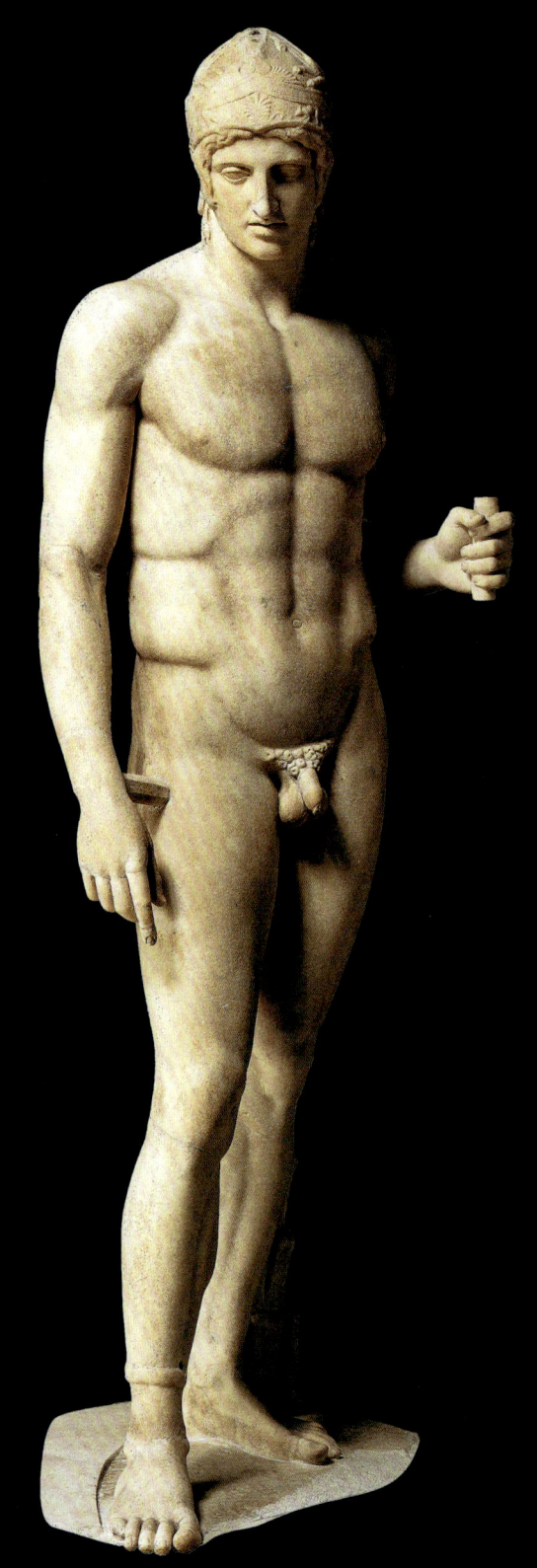

第128页图　这件来自博尔盖塞家族（Borghese）藏品的战神阿瑞斯像被认为是一件复制品（约公元前430年），原作是雕刻家阿尔卡美涅斯为雅典市政广场神庙制作的雕塑。（巴黎，卢浮宫博物馆）

第129页图　《持铁饼者》（Discophoros）是波留克列特斯年轻时的作品（约公元前460年），反映出这位伟大艺术家的创作原则。（柏林，旧博物馆）

古典时代的伟大圣地

德尔斐圣地置身于一片"橄榄树的海洋",是希腊最负盛名的宗教中心和"宇宙中心"。德尔斐早在迈锡尼时代就成为圣地,在古风时代发展成大型的宗教场所。不过,直到公元前5世纪,这里才成为代表希腊荣耀的真正万神之殿。沿帕纳塞斯山(Parnassus)蜿蜒而上的神圣之路(Sacred Way)通往圣地中心阿波罗神庙。在路程的最后一段,道路周围散布着壮观的纪念碑群,为的是纪念希腊人联合抵抗蛮族的共同努力。神庙正前方有一座黄金制成的三角祭坛,由所有希腊城邦供奉于此,以铭记公元前479年希腊人在普拉蒂亚打败波斯大军的壮举。与之呼应的,是塔兰提诺伊人(Tarentines)在打败大希腊地区蛮族——即珀赛提人(Peucetians)和拉皮吉亚人(Lapygians)——后献上的祭品。为纪念在萨拉米斯对波斯的胜利,希腊各邦集体供奉了一座巨型阿波罗神像。此外,还有叙拉古统治者戈洛(Gelo)和其兄弟希罗(Hiero)献上的两个黄金三角祭坛,分别用于庆祝各自取得的胜利。前者在公元前480年打败了来自西边的蛮族,即希梅拉(Himera)的古迦太基人;后者在公元前474年了打败库迈(Cuma)的伊特拉斯坎人(Etruscans)。

和神圣之路末段的团结气氛不同,山脚下道路的开端却清楚展现出城邦各自为政的局面。一路上,每座城邦都树立了自己的祭品和雕塑,争相歌颂自身威望,直到神庙附近才偃旗息鼓。一进入圣地大门,就能看到排列得密密麻麻的还愿祭品,侧面展现出民主的雅典、阿尔戈斯和寡头政治下的斯巴达间的意识形态冲突。而这一冲突也贯穿了公元前5世纪和部分公元前4世纪的希腊史。公元前467年后,雅典在此建造了一座宝库,以纪念在马拉松战役中打败了斯巴达,同时也回顾了公元前490年希波战争的胜利,但更重要的是想突出阿提卡城邦的伟大和强盛。然而宝库旁边就是斯巴达人的舰长(Navarchs)纪念碑,纪念公元前405年斯巴达在羊河(Aegospotami)战役中打败雅典人。在纪念碑后,朝圣者可以看到一尊青铜特洛伊木马,这是来自阿尔戈

第130页图 根据其陇间壁的装饰风格(公元前510年—公元前500年),可以推断出德尔斐的雅典宝库可能修建于公元前6世纪末。

第130—131页图 今天我们看到的德尔斐阿波罗神庙其实经历了六次重建，现在的遗址重建于公元前373年一场地震之后。

第131页下图 象征大地中心的翁法洛斯石（Omphalos），树立在德尔斐神圣之路上和阿波罗神庙的内室中。（德尔斐，考古学博物馆）

斯的祭品，以纪念公元前414年大败拉西第梦人（即斯巴达人）。作为回应，公元前405年后，斯巴达人又建造了一座大型纪念碑。碑上最初有两颗黄金做的星星，是斯巴达将军吕山德（Lysander）在打败雅典海军后献上的祭品。然后就能看到阿卡狄亚人（Arcadians）的祭品，奉献于留克特拉战役（Leuctra）和曼提内亚战役之后，正是这两次战役将阿卡狄亚人民从斯巴达的霸权下解放出来。接下来是斐洛皮门（Philopoemen）塑像，是他领导阿卡亚同盟在公元前3世纪末打败了斯巴达人。

继续往前走，"视觉战争"便稍有收敛，道路也更为平缓，两侧建有华丽的小型神庙结构建筑，即宝库

（Thesauroi）。宝库守卫着每座城邦献给阿波罗的还愿祭品，其中的一些宝库，如西锡安宝库、锡弗诺斯岛（Siphnian）宝库、忒拜宝库，还有雅典宝库都拥有震撼人心的规模和装饰，建筑风格从古风时代过渡到古典时代。

在圣地主神庙最神秘的场所（内室）中，庇西娅（Pythia）或西卜（Sibyl），也就是阿波罗神庙的女祭司会坐在神圣的三角祭坛上，附近地上有一条沟壑，沟壑中会冒出蒸汽。西卜口中咀嚼着月桂叶，在蒸汽的熏蒸下渐渐昏睡，神便会借助她的声音向世人说话，下达模棱两可的神谕。神庙壮观的阶地之下，就是神话中阿波罗建造圣殿之处。

第132页左图 德尔斐体育场是罗马皇帝哈德良下令重建的（公元2世纪）。图中是体育场的正面，可以看到执政官赫罗狄斯·阿提库斯（Herodes Atticus）捐助修建的拱门基座。

第132页右图 图中是雅典娜神庙（Temple of Athena Pronaia）的圣所，位于德尔斐的玛玛亚阶地（Marmaria Terrace）。圣所内是建筑师赛奥多罗斯（Theodoros）为纪念当地英雄皮拉科斯（Phylakos）所修建的圆庙（公元前380—公元前370年）。

第132—133页图 德尔斐剧场修建于公元前4世纪。

第134页和第134—135页图 锡弗诺斯岛宝库是古风时代爱奥尼亚建筑的一颗明珠（公元前525年）。宝库中精彩的饰带雕刻了神话场景。北侧是巨人族的癸干忒斯战争，画面中巨人被一只狮子咬住（左图），而阿尔忒弥斯女神也在一侧驱赶巨人士兵（右图）。东、西、南侧饰带则记录了希腊与特洛伊之间的战争，刻有对帕里斯的审判及劫掠留奇波斯的女儿们的场景。（德尔斐，考古学博物馆）

对所有希腊人来说，奥林匹亚宙斯圣殿又是一个重要的圣地。虽然此处常和著名赛事奥林匹亚运动会联系在一起（传统上将公元前776年认为是第一届奥林匹亚运动会举办的时间）。但这里更是众神之王宙斯的神谕之所，专供人们询问战事。

无论是奥林匹亚还是德尔斐，都没有留下文字或图像资料来解释这些信仰之地是如何起源，又是如何发展的。毫无疑问，公元前5世纪，奥林匹亚的大型建筑就已基本完工，主要是建筑师利班建造的雄伟神庙和运动场。公元前6世纪，初代运动场建成，人们逐渐开始在运动场和神庙间建造宝库。后来新建的运动场便对外观更为重视，为此处数不尽的还愿祭品充当了典雅的背景。公元前5世纪早期希腊人对东、西方蛮族的胜利为他们提供了展示集体自豪感的机会（当然更多情况下只是为了歌颂各自的城邦），各城邦都在

此献上耀目的祭品。

公元前5世纪对泛希腊地区的第三大宗教中心来说也是重要的时期。早在公元前6世纪，埃皮达鲁斯就流传着关于医神阿斯克勒庇俄斯的信仰，但约公元前430年伯罗奔尼撒战争期间爆发的严重瘟疫才是这一信仰流行开来的重要原因。埃皮达鲁斯的医神圣殿成为希腊世界最重要的圣地之一，此地还进行了以阿斯克勒庇俄斯神庙和著名的圆形神殿为主的扩建。前者由狄奥多图斯（Theodotos）建造，庙内供奉有斯拉叙麦德斯（Thrasymedes）雕铸的黄金象牙医神像，神庙的雕塑装饰则由提莫塞乌斯一手打造。圆形神殿则

是小波留克列特斯的作品，是阿斯克勒庇俄斯这位希腊英雄的崇拜中心。根据神话记载，阿斯克勒庇俄斯是阿波罗和色萨利公主克罗妮斯（Coronis）的儿子，从小跟随半人马喀戎学习医术。阿斯克勒庇俄斯医术高明，甚至能够起死回生，因此宙斯便用雷电杀死了他。但阿斯克勒庇俄斯的灵魂从肉身中解脱出来，升上奥林匹斯山，成为众神中的一员。圣殿被划分为许多不同区域，以容纳朝圣者和病人。治疗区被称为圣所（Abaton，意为"不可接近"），病人将进行一

套净化仪式，然后在此度过一晚，在睡梦中等待医神的治疗。很多人带有偏见，认为圣殿的治疗和神谕都是江湖骗子的行径。然而正因为有大量"跨国"来访者，祭司或治疗者才得以收集大量关于症状、疾病、治疗方法和实验的信息，并知晓药物的影响。利用这些丰富的知识，他们的确可以为病人和信徒提供答案。尽管给出的信息有点浮于表面，怎么都说得通，但这些回答均以可靠且流传甚广的知识为基础，因此相当可信。

第136页图 通往奥林匹亚体育场的大门（公元前3世纪晚期至公元前2世纪早期）。

第136—137页图 奥林匹亚圣地围绕宙斯神庙而建（公元前471年—公元前456年）。

第137页上图 宙斯神庙是建筑师利班的作品，于19世纪末被一支德国探险队发现。

第137页下图 议事厅（Prytaneion）是奥林匹亚圣地的行政中心，对比赛的胜利者和前来参观的名流开放。

第138页上图 图中埃皮达鲁斯剧场是小波留克列特斯的作品（公元前4世纪中叶），伫立在克诺升山（Mount Kynortion）的山坡上，此处也是古代马莱亚斯（Maleas）的宗教中心，后来融入了马莱亚斯的阿波罗（Apollo Maleatas）的信仰。

第138页下图 埃皮达鲁斯剧场修建于公元前4世纪晚期至公元前3世纪早期，可能被用作宗教宴会场所。

第138—139页图 埃皮达鲁斯著名的阿斯克勒庇阿斯圣殿，伯罗奔尼撒战争期间爆发的瘟疫让人们对这位医神的信仰广为传播。

伯罗奔尼撒战争（公元前431年—公元前404年）

伯罗奔尼撒战争爆发于公元前431年春，因其对希腊的政治、经济和领土造成了深远的影响，在希腊史上此次战争被称为"战争之母"。公元前446年，雅典与斯巴达签订的三十年停战协议被斯巴达强行打破。斯巴达再也无法忍受雅典对斯巴达盟国——尤其是科林斯（因为贸易纷争）——的反复挑衅，决定入侵阿提卡地区。但修昔底德却记录道："我认为真正的原因在官方记载中只字未提，那就是雅典势力日渐在拉西第梦人（斯巴达人）心中撒下了恐慌的种子，战争也就在所难免。"

战争的第一阶段，斯巴达将军阿契达慕斯（Archidamus）率领四万大军，避免了与对手城邦的直接冲突，没有攻击雅典，而是走了迅猛且破坏力巨大的一着棋：入侵阿提卡，以此削弱雅典的抵抗，最重要的是耗光对方的补给。公元前430年，雅典爆发可怕的瘟疫，伯利克里因此殒命，阿提卡人口也只剩下三分之一。克里昂（Cleon）成为主战民主派的首领。尼西亚斯（Nicias）则领导保守派，想和潜在的敌人达成合约。双方最狂热的主战派——克里昂和斯巴达的布拉西达斯（Brasidas）——于公元前421年在安斐波利斯（Amphipolis）被杀，此后双方开始了艰难的谈判，最后以签订尼西亚斯和平条约告终。虽然这并没有解决实际问题，但对雅典来说却是重要的胜利，意味着它所主张的势力范围得到了承认。这一所谓的和平带来了某种程度上的停战，但却翻开了又一残酷的篇章，双方的盟国遭受了暴力对待和残酷压迫，甚至最终带来了雅典对米洛斯岛（Melos）居民的大屠杀（公元前415年），因为米洛斯拒绝参加反抗斯巴达的同盟。

战争的恐惧很快就被遗忘，希帕波鲁斯（Hyperbolus）和阿尔西比亚德斯（Alcibiades）领导的激进派在雅典占了上风。为了完全孤立斯巴达，阿尔西比亚德斯将他的城市向帝国主义推进，想要越过希腊大陆（此时，东边是波斯帝国）前进到国际舞台。但雅典的命运却在西西里岛遇到了转折。西西里岛的多利安希腊人和其他族群长期敌对，当叙拉古进攻雅典的盟国伦蒂尼（Lentini）时，雅典的另一个盟国塞吉斯塔（Segesta）正在攻打塞利努斯，伦蒂尼和塞吉斯塔都向阿提卡请求援助，阿尔西比亚德斯被西西里岛上潜在的巨大经济利益吸引，决定以武力干预。但雅典派到西西里的远征军并无胜算，经历了一长串的胜利和失败，远征最终为雅典带来了灾难，这巨大的损失也削弱了雅典自身的防御。公元前413年，斯巴达人轻而易举占领了德西里亚（Decelea）堡垒，征服了这道屏障，就真正征服了阿提卡。

在这举国悲痛的关键时刻，寡头派趁机于公元前411年推翻了雅典民主政权，取而代之的是一个被称为400人议会的小团体，被赋予了绝对的权力。寡头独裁让雅典遭遇新一波军事上的失败，但一年之后，雅典恢复了民主。将军阿尔西比亚德斯在赫勒斯滂海域和爱奥尼亚打了漂亮的一仗，也重新掌权。但与波斯支持的斯巴达之间的鏖战，加上许多城邦背弃提洛同盟，让雅典的势力被严重削弱，导致公元前405年在羊河大败于斯巴达将领吕山德。斯巴达给出的严苛条件结束了雅典的强盛期，引发了城邦系统的内部危机。社会冲突不断，充斥着混乱与动荡。

第140页图　这尊双面头像一面是修昔底德像，一面是希罗多德像。（那不勒斯，国家考古学博物馆）

第141页图　这尊墓碑来自约公元前420年的萨拉米斯，雕刻在伯罗奔尼撒战争中阵亡的重装步兵卡伊里迪摩斯（Chairedemos）和吕克亚斯（Lyceas）。（比雷埃夫斯，考古学博物馆）

尽管身处充满仇恨和残忍的困难岁月，雅典精神仍表现出了不败的创造力。

比如在剧场中，继讲述神话事迹的伟大悲剧——索福克勒斯的《安提戈涅》（Antigone）是最好的作品之一——与蛮族斗争题材——埃斯库罗斯（Aeschylus）的《波斯人》——之后，反映城邦问题和理想的戏剧也仍在上演。同时，欧里庇德斯（Euripides）的悲剧也通过激昂的情绪、语调及其对传统思想的颠覆给观众留下了深刻印象，对神话进行了理性和心理层面的再次解读。但这一时期最重要的是喜剧。这一剧种在语言上进行了自由的表达（Parrhesia，意为"说真话"），是足以影响公共意见的喉舌。剧情对政治文化问题进行探究，取笑有权有势的人物（比如矫情政客克里昂），扭曲他们的形象以达到怪诞的喜剧结果。阿里斯托芬（Aristophanes）是这一题材的大师。

诡辩法在希腊文化精神层面的地位至关重要。这一不拘于传统的崭新学说把人放在了万物的中心，引入了以人之利益和内心为本的世界观。苏格拉底鼓励人们通过辩证探究的方法来进行批判性思考，瓦解了一知半解者和盲从者内心的信条。可是这打破了城邦的传统，苏格拉底也因此被起诉犯了渎神罪，被判处死刑。希波克拉底被誉为现代医学之父，他深入调查疾病的原理和成因，将治疗建立在科学观察症状的基础上。此时宗教也受到了新思想的影响，通过与外界交流，希腊人逐渐吸收了许多包括秘仪宗教在内的异邦信仰，为这些年来处于深深不安和痛楚中的人们带来了慰藉，甚至是永生的希望。

此时的人们也更愿意寻求占卜和神谕的指示，开始接纳不可知论，甚至有人公开宣称无神论的理性主义。简而言之，传统上对奥林匹亚众神的信仰已开始崩溃，因为这种信仰与现实生活的残酷相去甚远。

第142页图 酒缸绘画近景（公元前4世纪早期）。其作者被学界定名为"画匠欧墨尼得斯"（Eumenides Painter），因其创作的这幅画描绘了悲剧作家埃斯库罗斯同名作品《复仇女神欧墨尼德斯》中的一个场景。画面中，被其子杀死后，克吕泰涅斯特拉（Clytemnestra）的鬼魂出现在睡着的复仇女神面前，想唤醒她们前去惩罚自己的儿子。而旁边（插图中并没有出现）则描绘了儿子欧瑞斯忒斯（Orestes）正在德尔斐圣殿避难。（巴黎，卢浮宫博物馆）

第143页左上图 这尊索福克勒斯半身像体现了雅典公民心目中的道德模范形象。（那不勒斯，国家考古学博物馆）

第143页右上图 图中的欧里庇得斯半身像来自法尔内塞家族的收藏（Farnese Collection），是一件复制品，原作被树立在雅典狄俄尼索斯剧场。（那不勒斯，国家考古学博物馆）

第143页左下图 这尊带有西勒努斯（Silenus）特征的苏格拉底像向我们传达出一股强大的精神力量。柏拉图在其《会饮篇》中记载，阿尔喀比亚德曾将苏格拉底的外貌比作半人半兽的森林之神西勒努斯，后者常是厚嘴唇的秃顶老人形象。（巴黎，卢浮宫博物馆）

第143页右下图 古代著名医学家希波克拉底头像的罗马复制品，原作制作于公元前4世纪。（巴黎，卢浮宫博物馆）

公元前4世纪

大事件
146

社会和文化
149

造型艺术
152

杰出的雕塑大师
155

马其顿王朝与城邦的终结
161

艺术
166

公元前404年,雅典霸权告一段落,提洛同盟瓦解。在斯巴达的支持下,雅典成立了由三十位成员组成的寡头政府。虽然这三十人被指定起草新宪法,但他们对民主派展开了残酷的暴力迫害,杀死了所有议事会成员,历史上称他们为"三十僭主"。一群流亡者在色拉西布洛斯(Thrasybulus)的领导下最终赶走了极端反动分子,重建雅典民主政体(公元前403年)。

斯巴达在希腊扩张其控制范围,获得的支持者却微乎其微。东边,波斯帝国在阿尔塔薛西斯一世(Artaxerxes I,公元前465年—公元前425年在位)的统治下再次崛起。利用希腊其他城邦反斯巴达的情绪,波斯国王阿尔塔薛西斯二世(Artaxerxes II)对由希腊、忒拜、阿尔戈斯和科林斯组成的同盟予以支持。公元前394年,该同盟在尼多斯(Cnidus)打败了斯巴达人。根据斯巴达将领安塔西达斯(Antalcidas)和波斯人在公元前386年签订的《大王和约》,后者将重新掌握希腊城邦和小亚细亚的控制权,同时承认斯巴达对希腊大陆的控制;条约还要求解散除拉西第梦人领导的伯罗奔尼撒同盟以外的所有同盟。各城邦实际上建立了寡头政治,而斯巴达频频插手其他城邦内政,为了应对这种局面,雅典尝试在公元前377年重建一支新的海上同盟。但是彼奥提亚的忒拜也在其主导的彼奥提亚同盟复活后上升到了优势地位。尽管斯巴达已做好准备接受雅典重拾海上霸主地位的事实,但却不愿意承认有另外的城邦来挑战自己对大陆的控制权。最终斯巴达和忒拜在公元前371年开战。在留克特拉,忒拜将领佩洛皮达斯(Pelopidas)和伊巴米浓达斯(Epaminondas)采用"斜线次第进攻"的战术(这一全新战术巩固了左翼方阵,专门训练士兵进行斜线攻击)赢得了战争,对当时已衰落的斯巴达军事力量造成致命一击。伯罗奔尼撒半岛经历了一段不稳定和无序的时期。公元前370年,阿卡狄亚人建立了由曼提内亚领导的阿卡狄亚联盟,麦西尼亚人则自己建立了独立国家。斯巴达已是明日黄花。

不过,忒拜霸权只持续到公元前362年,原因是彼奥提亚的两位领袖政治家相继战死:佩洛皮达斯在库诺斯克法莱对抗色萨利僭主斐莱的亚历山大(Alexander of Pherae)时阵亡;伊巴米浓达斯在曼提内亚与斯巴达人作战时死去。

历史学家色诺芬(Xenophon)将这场曼提内亚之役作为《希腊史》一书的结尾,其意义不言而喻,因为这一事件代表了城邦历史的转折点。赫尔曼·本岑(H. Bengston)在他的著作《希腊史》中指出,城邦体系已无法发展出希腊迫切需要的活力,因此也无法复活已严重衰退的政治、社会和经济局面。甚至流行于公元前4世纪早期的"全面和平"(Koine Eirene)政治理念(该理念实际上与城邦各自为政的事实相背离)也无法成功扭转各城邦的形势,仅仅停留于对和平的美好渴望。城邦国家的根本性质是独立自治,这不仅阻碍了更大规模组织的建立(比如联盟),也让已有的组织无法长久。然而城邦代表的是一项重要的体验,身在其中的人能感受到所拥有的社会权力和应尽的义务,也能体会到作为"政治生物"的命运。

第144页图 额前散发(Anastole)是一种将额前发呈扇形展开的发型,常见于亚历山大大帝雕像。(伦敦,大英博物馆)

第146页图 这副头盔护颊上的装饰展现了围城的场景,近似矫饰主义风格(公元前4世纪下半叶)。(巴黎,卢浮宫博物馆)

第147页图 德米特里奥斯(Demetrius)之子达摩克利德斯(Democlides)的墓碑上雕刻了这位年轻的雅典重装步兵坐在船头的形象,他在对抗公元前394年斯巴达的海战中阵亡。(雅典,国家考古学博物馆)

第148页图 这尊《贝内文托头像》（Benevento Head）刻画了一位典型的年轻运动员形象（公元前4世纪前半叶）。（巴黎，卢浮宫博物馆）

第149页图 图为埃皮达鲁斯阿斯克勒庇俄斯神庙西侧三角楣的中央立饰塑像，是胜利女神手握鹧鸪的形象——但也有人认为这是女神厄庇俄涅（Epione）——受到了后斐迪亚斯艺术的矫饰主义影响（约公元前375年）。（雅典，国家考古学博物馆）

伯罗奔尼撒战争点燃了文明理念与存在了几个世纪的政治体系之间的危机。社会结构的深刻巨变影响了人们的传统观念和对未来的展望。同时，雅典在政治和经济实力上的衰落也对造型艺术产生了影响。雅典，这座向来被视作希腊世界参照物的城邦，也是杰出艺术家汇集的中心，在战后逐渐失去魅力，不再有重要的公共和私人雕像在此地委托建造。

但仍有一些积极的因素。城邦中传统与保守观念被打破，政治和社会环境发生巨变，从而转变了如"坏种子"般滋生于大都市的中产价值观，不再拒绝来自伯罗奔尼撒、爱奥尼亚和诸岛屿的新鲜事物。艺术领域已多年没有真正的主导中心，诸如同盟之类的新型政治组织也缺少创作艺术作品的兴趣。

因此，云游的艺术家和移动作坊蔚然成风。他们不再和各个城邦有关联，不再有城邦的官方订单对他们指手画脚。他们可以自由发展个人风格和自我意识，大胆地肯定个性。公民也一样在万象世界中发现了自我和自身定位。艺术家开始释放内心的情感和激情，展开了大规模的艺术实验，但同时他们没有拒绝过去，仍然承认古典范例所具有的完美价值，并以此为参考和指导。公元前四世纪的艺术就在这两个极端之间来回波动。

社会和文化

科学改变了城市规划和建筑方法,使它们朝更系统化的规范发展,而哲学家们基于自身对社会、政治巨变的反思也对此确立了新的规则。我们很容易注意到,也许是出于防卫的需要,城邦群体意识削弱后,人们对城市规划的大环境便有了更清晰和全面的认识。除了关注个体建筑的规范,建筑师也会关注客观环境和更宏观的问题,尤其是在建造如神庙之类的公共建筑时。文献中也常提到,将大片城市融入自然环境已成为大众生活方式的一部分。

普利埃内(Priene),这一靠近米安德河(Maeander River)的小亚细亚城市是城市规划的绝佳范例。城市规划兼顾政治和社会的考量,也解决了实用性问题,缓解了地形带来的限制。公元前4世纪中期,人口迫于洪水危害迁离了平原,想要在山脚地带建造一座新的城市。人们调整了原本的棋盘格规划以适应不同的地势,并且修筑了人工阶地。城内主干道呈东西、南北走向,在功能上联通各座建筑和公共区域,住宅也非常宜居。同样堪称典范的还有奥林索斯。简

而言之，设计城市环境是为了更利于提升居民的文化素质和幸福生活。所以柏拉图才会在其著作《论法律》中警告人们要警惕港口对人的影响。虽然城市临海能提高居民的生活水平，但港口活动若过度发展，交通过于便利，便会"将茫然和不诚实注入人的灵魂，甚至让城邦也开始欺骗自己的市民，对他们充满敌意，那么对其他国家更是如此"。亚里士多德后来也为城市规划推荐了三条重要准则：安全、功能化和美观。该模式迎合了政治和社会需求，在经过了缜密的检验后成为一座城市文化和文明的代表因素，并成功推动了希腊化进程，随后更是成为希腊化的象征。罗马人在构建自己的帝国时也借鉴了这一法则。

广场的数量也在增加，面向商业、管理、政治和宗教等种种功能。体育场之类的大型建筑也越来越多。随着传统的演变和教育的发展，体育场从军事体育综合体转变为大学形式的文化中心。同时，剧场也在文化生活中日益重要。这样一来，体育场和剧场便不再被修建在城市外围，而是融入城市构造中。新城市图景中的另一重要元素是柱廊，被用于规范市民广场、圣地还有街道的形制，赋予这些场地更为紧凑和宏大的外观。神庙建筑完全打破了古典时代的表达方式。公元前5世纪的建筑讲求和谐、对称和理性，营造出大气简洁的观感，而受到新审美品位的启发，这一时期也出现了新的风气，建筑的整体效果更加依赖于优美、梦幻和多彩的外观，而不是理性。举个例子，公元前5世纪末，帕特农神庙之类的古典神庙外观沉静，呈几何结构，而与之形成鲜明对比的却是厄瑞克忒翁神庙，后者丰富的装饰体系为外观带来了复杂的动感，将四方四正的巨大整体变为凹凸有致的结构，既打破整体感，又突出了个体部分。同样，德尔斐（公元前370年—公元前360年）和埃皮达鲁斯的圆顶神庙在外围排列有平衡协调的多立斯柱，外观仍展现出古典风格的气质与节奏（支撑天花板的横梁上有大量植物装饰，缓和了严肃的氛围）。但内殿却有着焕然一新的空间，科林斯柱的柱头和柱础明暗迥异，意境优美，营造的深远感打破了附近墙体的界限。

第150—151页图 普里埃内城的鸟瞰图。可见城市遗址保存完好，保留了建立于人工阶地上的原城市结构（公元前4世纪中期）。

第151页图 这是一件罗马时期的亚里士多德头像，可能是吕西波斯（Lysippus）作品的复制品。（维也纳，艺术史博物馆）

第152页图 图为德克西雷欧斯墓碑浮雕（约公元前390年）。德克西雷欧斯是一位在科林斯战争中死去的士兵，年仅二十岁。墓碑上，他正骑着战马追击敌人。（雅典，凯拉米克斯遗址博物馆）

第153页图 伯罗奔尼撒战争的爆发导致了公共纪念碑数量骤减，巧匠转而为私人客户服务。这件马尼莎里特墓碑就是其中一例（公元前380年—公元前360年）。（慕尼黑，州立文物与雕刻博物馆）

乍看去，对古典时代伟大作品的重新诠释似乎贯穿了公元前4世纪的艺术，代表古典风格的又一次复活。但只要进一步检视，就会发现这是一个格外具有活力、创新力和创造力的时期，兴起了一系列标志着真正文艺复兴的运动。雅典再一次成了理想典范的制高点。

此时甚至连小型的纪念建筑——如德克西雷欧斯（Dexileos）墓碑（公元前394年）——也开始采用古典时代帕特农式大型神庙的装饰图案，但同时又尝试在图案人物的眼神交流中表现情感共鸣（不过比较含蓄）。公元前4世纪初（公元前380年）的马尼莎里特（Mnesarete）墓碑就努力在雕刻的人物间建立起联系，让他们都带着一丝未说出口的忧伤。公元前375年后，市政广场上新建了一尊和平女神厄瑞涅（Eirene）的大型雕像，她手举婴儿模样的财神普路图斯（Ploutos），代表财富源自和平。这一作品既采用古典时期的理念，又优雅地缓和了其严肃感，表达出人们对这一时期和平的渴望。艺术家在雕塑的两个人物间创造了紧密的联系，使他们远离周围世界，自成一体。

所有这些作品中的人物都和观者所处的世界隔绝疏离，随即形成了潮流。艺术家更喜欢在雕塑中进行情感、心绪和伤感的表达，其中最具表现力的要数斯科帕斯（Scopas）的作品。在他的刻刀下，就连奥林匹斯的传统众神也不再只是庄严肃穆的神灵，而展现出拘谨谦卑的态度，更贴近日常生活，让古典时代的理念更趋人性化。艺术家苦苦追求优雅（Charis）和感性，以期达到柔和的自然风格和流畅的节奏，普拉克西特列斯的作品就是质量的典范。吕西波斯则发展了波留克列特斯的理性比例，提出了更具体、自然和人性化的"视觉"规则，强调个体。

在古风时代和古典时代，城邦中的社会团体都非常坚固和团结（甚至寡头政体下也是如此），因此每个公民都对政治和宗教制度有强烈的认同感。人们并不认为规则是严苛的，而仅将其作为有助于达成共识的指导方针。所以，用雕塑和肖像歌颂公共人物一向都是件严肃的事，军事家、祭司、哲学家等都有独一无二的雕刻类型与风格。而在个人主义盛行、社会文化更世俗的公元前4世纪，酷似真人的"真正意义上的"肖像更加流行，这肯定了个性和人类心灵的重要性。

第154页图 据地理学家保萨尼亚斯（Pausanias）记载，雕塑《赫尔墨斯和婴儿狄俄尼索斯》（Hermes and the Infant Dionysus）是普拉克西特列斯的作品（公元前335年—公元前330年）。多名学者考证，此塑像创作于他的艺术生涯晚期。（考古学博物馆，奥林匹亚）

第155页图 雕塑《阿波罗萨克托诺斯》展现出普拉克西特列斯作品的柔美与优雅（约公元前360年）。（巴黎，卢浮宫博物馆）

在古代艺术中，一位最著名的艺术家就是雅典人普拉克西特列斯，他是西菲索多都斯的儿子。上文所说的《厄瑞涅和普路图斯》就是他的作品。由于其作品立意独特，个人风格明显，已有大量雕塑被确认是他所作，还有很多其他雕塑则被认定为是其工作室的出品。虽然普拉克西特列斯雕塑中人物的动作范式都相当传统——几乎都倚靠着支柱，视线固定而明确——但其作品却因性感的肉体、流畅的线条、优美的体型和出色的心灵刻画而绝不可能被错认。

在普拉克西特列斯的《休憩的萨蒂尔》（Resting Satyr）中，他用静美而优雅的S形造型一反波留克列特斯流派奉行的严格比例。这一造型在《阿波罗与蜥蜴》（Apollo Sauroktonos）中被再次使用。雕塑家把太阳神塑造成了英俊的年轻男孩，完全沉迷于他的游戏中，这一形象是前所未有的。在《休憩的萨蒂尔》中，支柱对人像保持平衡至关重要。萨蒂尔柔软性感的身体完全被释放于柱子这一支撑物上，同时他扔过肩头的兽皮则通过反衬更提升了身体的亮度。但普拉克西特列斯最著名的作品还要数《克尼多斯的阿芙洛狄忒》（Cnidian Aphrodite），这是这位女神第一次完全以人的形态出现在雕塑作品中。女神的体态自由舒展，站在远离观者的空间中，她忧郁如在梦中的凝眸传递给观者一种陌生感。同时，她令人炫目、轻盈纤细的身体又和雕塑中的第二个元素，即女神入浴前放置长袍的硕大花瓶形成了生动的反差。所有普拉克西特列斯的作品都善于通过刻画裸体的不同质感来加深对比：柔软丰满的肉体搭配质感粗糙的支柱；润滑细腻、过度平缓的光面搭配长发和饰物间复杂的明暗交替，可谓是相得益彰。

神明不再被视作有神秘力量的抽象化身，而是情感饱满、近乎浪漫化的人：雕塑捕捉了他们放纵而亲昵的一刻。大多数普拉克西特列斯的作品还笼罩了一丝忧伤（比如他最优秀的作品《阿波罗利塞斯》（Apollo Lyceius），似乎这位艺术家已察觉到了辉煌时代的落幕。

杰出的雕塑大师

活跃于公元前4世纪的斯科帕斯被誉为悲怆雕塑大师,他的作品则呈现出另外一种气质。他出生在帕罗斯岛(Paros),在雅典学习了古典时代的艺术理念,随后前往伯罗奔尼撒,在那里成为一位建筑师,修建了特基亚(Tegea)的阿莱亚的雅典娜神庙(Athena Alea),也参与了小亚细亚的哈利卡纳苏斯摩索拉斯王陵(Mausoleum at Halicarnassus)的建设。他的雕塑常由有机结构支撑,被赋予强烈甚至过于夸张的动感,复杂的韵律表达出人物的激情和内心张力。他创作的《起舞的迈那德》(Dancing Maenad)中,这位酒神狂女完全被酒神节的激情狂欢所虏获:她头向后倾,松散的长发从背部一泻而下,轻盈长袍的一侧被剧烈撕扯,展现出她紧绷的身躯。斯科帕斯为特基拉神庙创作的雕塑《波托斯》(Pothos)刻画了这位欲望之神的拟人形象。艺术家对情感表达的研究激情在波托斯美丽的头颅上体现得淋漓尽致:他深邃的目光、皱起的眉毛,还有因紧张而微张的嘴,内在的活力和力量让雕像栩栩如生。在哈利卡纳苏斯摩索拉斯王陵几处刻有亚马孙人之战场景的大理石版上,斯科帕斯采用了鲜明的对角线构图,传达出时而不受控制的疯狂律动。摩索拉斯王陵浮雕是斯科帕斯与其他几位公元前4世纪艺术家合作的作品,他们是:提莫塞乌斯、利奥卡雷斯(Leochares)和伯亚希克斯(Bryaxis)。

第156页图 这匹石雕马来自哈利卡纳苏斯摩索拉斯王陵,是四马双轮战车中的一部分,可能是伯亚希克斯的作品(约公元前350年)。(伦敦,大英博物馆)

第156—157页图 图为哈利卡纳苏斯摩索拉斯王陵中的亚马孙人战争浮雕,出自斯科帕斯之手。(伦敦,大英博物馆)

157

第158页图 这件精致的头像被认为刻画的是健康女神许癸厄亚（公元前310年—公元前290年）。它原定是斯科帕斯的作品，却带着普拉克西特列斯风格的痕迹。（雅典，国家考古学博物馆）

第159页图 斯科帕斯《起舞的迈那德》的复制品（约公元前330年），展现出这位艺术大师的作品所共有的强烈动感和情绪感染力。（德累斯顿，国家艺术收藏馆）

城邦面临的危机、希腊政治上的弱点（就算建立同盟或联邦也未有所缓解），还有来自波斯的新威胁都为马其顿的霸权铺平了道路。马其顿地处偏远，在希腊人眼中该国有一半人口都是蛮族，处于封建王权统治之下，国王来自被称为"王友"的地主贵族阶层（Hetairoi）。马其顿的统治阶层在古风时代晚期和古典时代深受希腊影响，公元前5世纪前半叶，亚历山大一世这位著名的"亲希腊者"废除了向波斯朝贡的传统。伯罗奔尼撒战争时期，马其顿是雅典的盟友，约公元前5世纪末，马其顿国王阿奇拉（Archelaus）又将首都佩拉城（Pella）变成了希腊文化中心，吸引艺术家和诗人到来，其中就有悲剧大师欧里庇得斯（Euripides）。马其顿一边摄入希腊文化，一边进行军事结构上的扩张，采用了一种"重装步兵正面抗敌，贵族骑兵侧翼包抄"的战术，具有强大的杀伤力，还首创了著名的马其顿长矛（长度超过5米）方阵，将16×16共256名步兵编入阵队（Syntagmata）。

但马其顿的国内政权却危机重重，充斥了阴谋和夺权。公元前359年，腓力二世登上王位，这位具有高度政治敏锐性的国王最擅长在王国中拥护希腊势力。作为希腊的盟友和被保护国，马其顿登上了国际舞台，参与了其中一场争夺德尔斐圣地政治和经济控制权的神圣战争。公元前346年，腓力二世终于控制了德尔斐近邻同盟（Delphic Amphictyony）。

雅典还沉浸在幻想中，以为足以控制住马其顿的野心，使之成为对抗波斯的马前卒。演说家伊索克拉底（Isocrates）写了一本名为《致腓力》（To Philip）的小册子，督促马其顿国王腓力带领希腊盟国的力量抵抗波斯。但狄摩西尼（Demosthenes）这一雅典法学界的领头人物却看清事实，做出了迫切的呼吁，在他的公开演讲《斥腓力》（Philippics）中，他痛斥马其顿国王，指责他严重威胁到了希腊的自由。"演讲者的共和国"雅典甚至和旧敌忒拜形成联盟来抵抗腓力的进攻，但这场无法避免的战争以公元前338年雅典在喀罗尼亚之役的惨败告终。

此时马其顿成了整个希腊的霸主。国王成立了科林斯联盟，这仅仅是一个用来控制盟国的傀儡联盟，随后他又开始攻打波斯的远征。当大局已定，正着手准备进攻之时，腓力二世却在公元前336年的一次阴谋中被杀，他年轻的儿子亚历山大成为国王。

马其顿王朝与城邦的终结

第160页图 这尊雅典政治家阿尔西比亚德斯的头像实际是一件公元前340年希腊原作的复制品，原作可能是马其顿腓力二世的肖像。复制品制作于公元1世纪。（梵蒂冈城，梵蒂冈博物馆迦勒蒙迪馆）

第161页图 登基后，腓力二世很快就控制了潘盖翁山（Mt. Pangeus）富饶的金矿。这枚当时的金币正面有二马双轮战车的形象，意指在德尔斐召开的泛希腊运动会。（伦敦，大英博物馆）

刚登上王位的亚历山大只有十八岁,他在亚里士多德的监护下学习文学和科学,早在喀罗尼亚之役时就亲自指挥骑兵冲锋,尽显非凡的领导才能。父亲去世后,亚历山大展现出钢铁般的决心,开始管理诸多艰难事务,并消灭了内部的对手,粉碎了色萨利人、忒拜人和雅典人的叛乱。他果断担任起全权代表泛希腊同盟的角色,并将自己比作希腊,掀开一场旨在将希腊从波斯手中解放出来的新战争。

虽然一开始延续了父亲的政治战略,亚历山大很快就向世人证明自己头脑中有更宏大深远的蓝图。他的目标,无论是视野上还是征战的范围,都是全新的。他想要巩固国内政权,随后将马其顿的统治和影响力扩张至整个希腊世界。事实证明,他最终超越了自己的梦想,也远超过了所有人的预期。

这一伟业开始于公元前334年。亚洲战略第一阶段的行动表明,亚历山大很清楚自己的计划不仅仅是要解放地中海沿岸,不过攻打波斯位于小亚细亚的海军基地可以避免前来支援希腊反马其顿势力的波斯威胁。这仅是一项史无前例的征服壮举的第一步。越过赫勒斯滂后,亚历山大占领了利昂(Llium,特洛伊的别名)和兰普萨库斯(Lampsacus)。在各拉尼卡斯河(River Granicus)打败了波斯大军,这一次大流士三世(Darius III)未亲自带兵。为了强调其军事行动的"希腊"性质,亚历山大把俘获的三百套波斯重甲送回卫城,献给雅典。占领包括米利都等城邦在内的有防御工事的港口后,亚历山大解放了由波斯总督管辖的城邦,随后占领吕底亚、潘斐利亚(Pamphylia)和皮西迪亚(Pisidia),随后在弗里基亚(Phrygian)都城戈尔迪乌姆(Gordium)越冬。公元前333年春天,亚历山大再次开始了征服行动,横扫安塞拉(Ancyra,今天的安卡拉)、帕夫拉戈尼亚(Paphlagonia)和卡帕多奇亚(Cappadocia)。在到达塔苏斯(Tarsus)时,他因病不得不停下脚步,派将军帕曼纽(Parmenio)和一部分军队先行前往西里西亚(Cilicia),制止传说会到来的由大流士三世亲自带领的波斯军队。亚历山大随后与将军会和,在伊苏斯(Issus)之役中大获全胜。公元前332年,忒罗(Tyre)陷落后,亚历山大先后占领了叙利亚和埃及,后者是制胜地中海东岸全境的关键。马其顿大军势如破竹,没有受到任何抵抗就到达了尼罗河三角洲的战略地带。和贬低异教的阿契美尼德统治者不同,亚历山大公开表达了他对其他宗教的宽容态度,他亲自前往孟菲斯(Memphis)为阿比斯神(Apis)献上祭品,随后前往西瓦(Siwa)的阿蒙绿洲(Oasia of Ammon)。在那里,祭司以"法老"和"阿蒙神之子"称呼他。公元前332年至公元前331年,亚历山大在埃及建造了伟大的港口城市亚历山大港,以促进埃及经济复兴,亚历山大港也成了传播希腊文化的中心。

公元前331年,亚历山大再次开始了远征,马其顿军队一直打到两河流域的新月沃土。在尼尼微(Nineveh)附近的高加米拉平原(Gaugamela),亚历山大大胜波斯军队,大流士三世被迫落荒而逃。亚历山大在两河流域采用了与在埃及一样的政策,将自己比作重建被阿契美尼德王朝所破坏的古代美索不达米亚王朝和宗教的复兴者,因此他也获得了

第162页图 罗马帝国时期亚历山大大帝的肖像,所参考的原型可能是雕刻家欧弗拉诺尔(Euphranor)制作的青铜像。(慕尼黑,州立文物与雕刻博物馆)

第163页图 这件来自伊塞尔尼亚(Isernia)的浮雕展现了亚历山大大帝和大流士三世之间的战争,和庞贝城农牧神之屋(The House of the Faun)镶嵌画的场景如出一辙(公元前1世纪)。(伊塞尔尼亚,考古学博物馆)

"世界四分之一的王"的称号。从巴比伦出发,亚历山大行军至苏萨(Susa),为了表示对希腊的敬意,他将公元前480年被波斯盗走的《刺杀僭主者》雕像组还给了雅典。然后,他占领波斯帝国的首都波斯波利斯(Persepolis)。

亚历山大没有留给大流士重整旗鼓的时间,马其顿军队追着他流亡的脚步直到米地亚(Media)的埃克巴坦那(Ecbatana),然后是更远的东方:巴克特利亚(Bactria)。大流士三世正是在那里被背叛的巴克特利亚总督贝苏斯(Bessus)杀死。

亚历山大此时已成为波斯国王。公元前330年至公元前327年的时间,他征服了东北部残余的波斯总督管辖区。他向东进发,一路建起其他几座以亚历山大命名的城市:一座在坎大哈,一座在兴都库什山(Hindu Kush)山脚,还有一座在粟特地区,被命名为极域亚历山大城(Alexandria Eschate,意为最遥远的亚历山大城),位于印度的西部边陲。

亚历山大远征最初的目的是向波斯复仇,但后来成了打造更大的帝国,乃至宇宙帝国的宏愿。亚历山大解散了希腊舰队,杀害昔日良臣,任用波斯贵族,并采取了一种完全是东方君主集权的思路和做法,加上此时他的军队已在这震惊世界的亚洲远征中耗时过长,将领纷纷感到不满,坚决反对继续行军,逼迫亚历山大退回巴比伦。公元前324年,亚历山大在苏萨为希腊和马其顿士兵举办了和波斯女人的集体婚礼,鼓励通婚。就在地中海全境都派代表来巴比伦向亚历山大致敬,当他对未来还有着宏大的计划,正处于无人可敌的威望巅峰时,亚历山大突然去世了。原因无人知晓,但似乎最有可能的是过度嗜酒和易怒。他死于公元前323年。西方历史上的一大关键时期由此谢幕,不过另一璀璨时刻即将开场:希腊化时代的到来注定会将希腊文明传遍亚历山大所开启的新世界。

第164—165页图 亚历山大大帝正跨坐在他的战马布西法拉斯（Bucephalus）背上击退敌人。这块战斗场景浮雕是"亚历山大石棺"装饰的一部分（约公元前310年）。石棺的主人是一位马其顿统治者支持的国王，可能是西顿（Sidon）国王阿巴达隆尼穆斯（Abdalonymus）。（伊斯坦布尔，考古学博物馆）

正如柏拉图对于模仿性艺术的讨论（Phantastike mimesis，即模仿的幻相），西锡安的雕塑家吕西波斯也摒弃了艺术作为对存在事实的模仿这一概念，转而提出艺术应是美感的"再现"。他将波留克列特斯视为自己的老师（见普林尼的《自然史》第59卷），并根据他的人物规范提出了自己的视觉原则：雕塑中的人物应呈现理想的样子，而不是本来的样貌。随后，亚里士多德也阐释了历史与诗歌的不同：历史报道真实的事，而诗歌叙述可能发生的事（"诗人就如画家和其他艺术家一样是模仿者"）。

因此，吕西波斯有意识地弃用解剖学标准，创造出更小的脑袋、更修长的身体、更长的腿，让他的塑像显得更高大。据普林尼记载，这位伟大的艺术家创作了150件作品，主要是青铜雕像（这一数字很可能是正确的，假如把其创作的大型人物、动物群像中的每个个体都算在内，如亚历山大猎狮群像）。此外，文献也记载吕西波斯经常制作他的雕塑作品的小型复制品。

我们对吕西波斯早期的作品所知甚少，但其艺术活动的巅峰是在亚历山大统治期间。他是亚历山大最青睐的艺术家和钦定的肖像家。公元前4世纪中期，他和画家阿佩莱斯（Apelles）来到了马其顿，在那里遇到了亚里士多德。

不论怎样，吕西波斯还是享有一定的自由，可以接来自宫廷外的订单。事实上，色萨利的达奥绰斯二世（Daochos II）也请他为德尔斐圣殿雕刻了运动员阿吉阿斯（Agias）像和九座雕像组。他还为以厄洛斯为保护神的塞斯比亚（Thespiae）城制作了《为弓箭上弦的厄洛斯》（Eros Stringing His Bow）。普拉克西特列斯著名的《厄洛斯》也在此处。

亚历山大开始远征亚洲时，这位艺术家就是随行人员。吕西波斯创作了雕塑组，为了纪念在各拉尼卡斯之役中战死的25位"王友"。他在以弗所的作品则有《亚历山大持矛像》及同样著名的《马背上的亚历山大》。此外，吕西波斯还制作了《赫拉克勒斯座像》（Herakles Epitrapezios），可能是为了纪念忒罗围城。不过他很快离开了亚历山大这位伟大将领，没有再继续跟随他前往东方。

他为故乡西锡安雕刻了命运的化身凯洛斯（Kairos）像，也许就是为了歌颂亚历山大一生的命运。他最负盛名的作品之一《擦身者》（Apoxymenos）创作于公元前323年，刻画了一位运动员用刮身板刮下身上的泥垢。这件作品实现了从古典范式的彻底转型：人物采用了一种柔韧向上的全新动态，动势收束于微微抬起的头部和厚重蓬乱的头发。他的手臂向前伸出，营造出崭新的立体感。吕西波斯在凯拉米克斯（Kerameikos）雅典公墓雕刻的苏格拉底像非常有名，后来又为亚里士多德塑像。据一些学者研究，他最后的作品有《休憩的赫拉克勒斯》（Weary Heracles），以其著名的复制品《法尔内塞的赫拉克勒斯》（Farnese Heracles）而为人所知。这座巨型人像的姿态中含着一丝忧伤和不安。

另一位领军亚历山大时期的卓越艺术家是阿佩莱斯，古代作者认为他是希腊绘画史上最伟大的人物。他采用了画架进行绘画，使歌颂城邦荣耀的大型湿壁画成为过去。工坊的春天也在此时到来，画家和知识分子打成一片。阿佩莱斯作品最鲜明的特点是"线条叙事"和鲜艳的配色，通过透视法画出具有立体感的画面。他最著名的作品有《手持雷电的亚历山大》（Alexander Wielding the Thunderbolt）和《出水的阿芙洛狄忒》（Aphrodite Anadyomene）。画面中，女神从海面款款现身，正在绞干头发。

第166页图 图中精美的青铜塑像名为《法尔内塞的赫拉克勒斯》，是吕西波斯在约公元前315年完成的著名作品的罗马复制品，使其原作《休憩的赫拉克勒斯》为人所熟知。雕塑定格了英雄赫拉克勒斯疲惫不堪、面带忧郁的一刻，周身笼罩着一丝悲伤。（巴黎，卢浮宫博物馆）

第167页图 《为弓箭上弦的厄洛斯》是吕西波斯最初的成熟作品之一，可能是公元前334年为塞斯比亚城的圣殿所做。图中是罗马复制品。（罗马，卡比托利欧博物馆）

　　佩拉城是继埃格（Aigai，今天的维尔吉纳）之后的马其顿首都，城中发现了大量以原色河石镶嵌而成的精美马赛克拼贴画，足以证明当时人们高水平的生活方式。不过，最吸引现代学者的还是故都维尔吉纳（Vergina），那里有最著名的宫殿遗址之一（公元前400年左右，马其顿国王阿奇拉一世也在佩拉建造了宫殿）和大型墓地，坟墓中出土了珍贵的随葬品和夺目的壁画。最为动人的是珀耳塞福涅墓（Tomb of Persephone）中的壁画，描绘了冥王布鲁托诱拐得墨特里（Demetra）女儿的场景。在皇家墓穴中，还发现了亚历山大和他的父亲腓力二世猎狮的壁画。前者是尼柯马库斯（Nikomachos）的作品，后者出自斐洛克斯诺斯（Philoxenos）之手（他还创作过亚历山大和大流士三世战争的壁画，可能描绘的就是伊苏斯战役，是庞贝农牧神之屋中那幅镶嵌画的灵感来源）。其作品特有的立体空间感来自

内部的矩形墓室。墙外立面上有两层装饰性柱式（多立斯式和爱奥尼亚式），由绘有战争场景的高大灰泥饰带分隔。外立面顶部的三角楣完全背离了古典时代的中规中矩，向宏伟的巴洛克风格靠近。这类"装饰性立面"注定会流行很多年，因为它不仅被纪念性建筑采用，也为住宅所接受，而以"错觉模式"来绘制房间壁画，也为后来的"庞贝风格"打下了基础。在讲述马其顿艺术的概要时，我们还不能忽略奢侈品这一范畴。马其顿的墓葬因出土了大量华丽的珠宝及武器和金、银、铜容器而闻名。这些奢侈品都统一属于希腊风格，但也带有东方和蛮族的繁复特点，因此这些物件也成了光彩熠熠的宣传工具，体现出与巴尔干地区人民，甚至远至俄罗斯南部的斯基泰人（Scythians）之间的交流。

一项远超古典时代构图与用色的技法，对画面采用了全新的明暗处理。古代的拉丁语文献将这一画法称为结构速写（Pictura Compendiaria），似乎指的是画面不打轮廓线，只用快速和简单的几笔画就，通过不同色彩搭配创造出一种明亮的效果，让前景部分更亮，而背景更暗，有点类似"印象派"画法。在勒夫卡地亚（Lefkadia）乃至马其顿全国，墓葬都采取了类似建筑的设计，坟墓有着雄伟的外墙，独立于

第168—169页图　发现于佩拉古城一座住宅中的马赛克画（约公元前310年），画面用天然小石拼贴而成，展现了亚历山大大帝和将军克拉特鲁斯（Craterus）——一说是其大臣赫菲斯提翁（Hephaestion）——猎狮的场景。（佩拉，考古学博物馆）

第169页上图　腓力二世在位期间，马其顿王国首都是佩拉城。除了皇宫和市集，考古研究还在此发现了许多优雅的住宅。

第169页下图　佩拉城的房屋都带有宽阔的爱奥尼亚柱廊和由卵石砌成的精美马赛克地面。

第170—171页图 这只来自腓力二世皇家墓葬的黄金箭袋被认为与腓力二世在公元前339年战胜多瑙河南岸的斯基泰人有关,因为该箭袋和俄罗斯南部斯基泰人的黄金制品具有相似性。(赛洛尼卡,考古学博物馆)

第170页下图 这件腓力二世沉甸甸的铁制胸甲上装饰了金箔和衔环的金狮头。(赛洛尼卡,考古学博物馆)

第171页上图 在维尔吉纳被认定为腓力二世墓的皇家墓葬中，大理石棺内存放着如图所示的箱状黄金棺，盖上装饰有凸出的马其顿之星，箱中保存着国王的骨灰（约公元前340年）。（赛洛尼卡，考古学博物馆）

第171页下图 存放骨灰的黄金箱上放着一件无价之宝，即图中的累丝黄金花叶王冠。（赛洛尼卡，考古学博物馆）

第172页左图　银是希腊化时代金属浮雕工艺最常用的材质，一般饰以植物纹样（公元前3世纪前半叶）。（伦敦，大英博物馆）

第172页右图　公元前3世纪，塔兰托（Tarentum）古城内金属浮雕作坊的艺术品质达到了非常高的水准，正如这枚银章上的阿芙洛狄忒所示。（伦敦，大英博物馆）

第173页上图 这件发现于帕纳久里什泰（Panagyurishte，位于今天的保加利亚）的色雷斯黄金来通杯以公羊为形象，酒杯颈部周围环绕了一圈神明。（索菲亚，考古学博物馆）

第173页下图 图中精美的鹿头黄金来通杯来自古城腓力波波利斯（Philippopolis，位于今天的保加利亚），颈部饰有神话场景（约公元前320年）。（索菲亚，考古学博物馆）

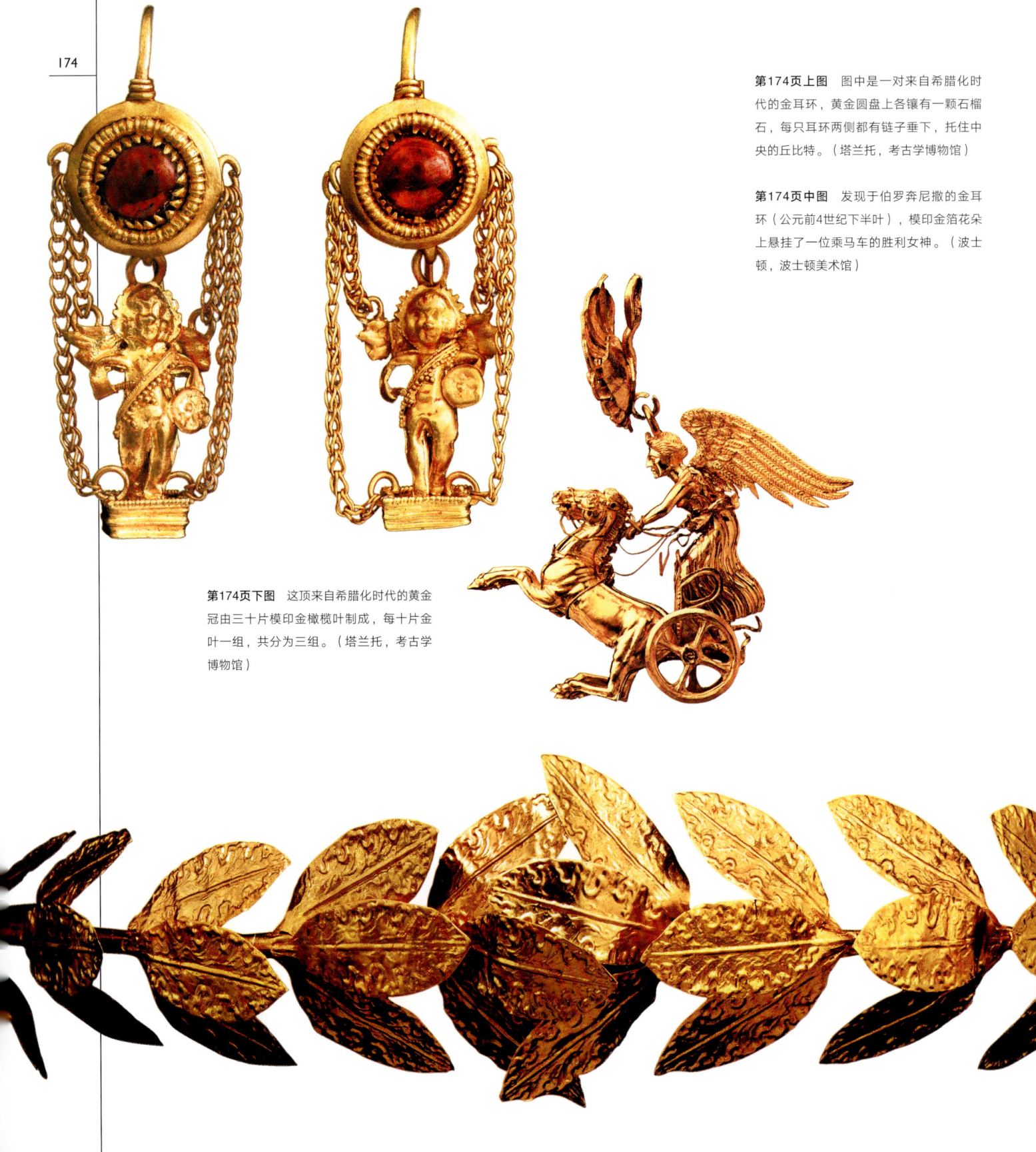

第174页上图　图中是一对来自希腊化时代的金耳环,黄金圆盘上各镶有一颗石榴石,每只耳环两侧都有链子垂下,托住中央的丘比特。(塔兰托,考古学博物馆)

第174页中图　发现于伯罗奔尼撒的金耳环(公元前4世纪下半叶),模印金箔花朵上悬挂了一位乘马车的胜利女神。(波士顿,波士顿美术馆)

第174页下图　这顶来自希腊化时代的黄金冠由三十片模印金橄榄叶制成,每十片金叶一组,共分为三组。(塔兰托,考古学博物馆)

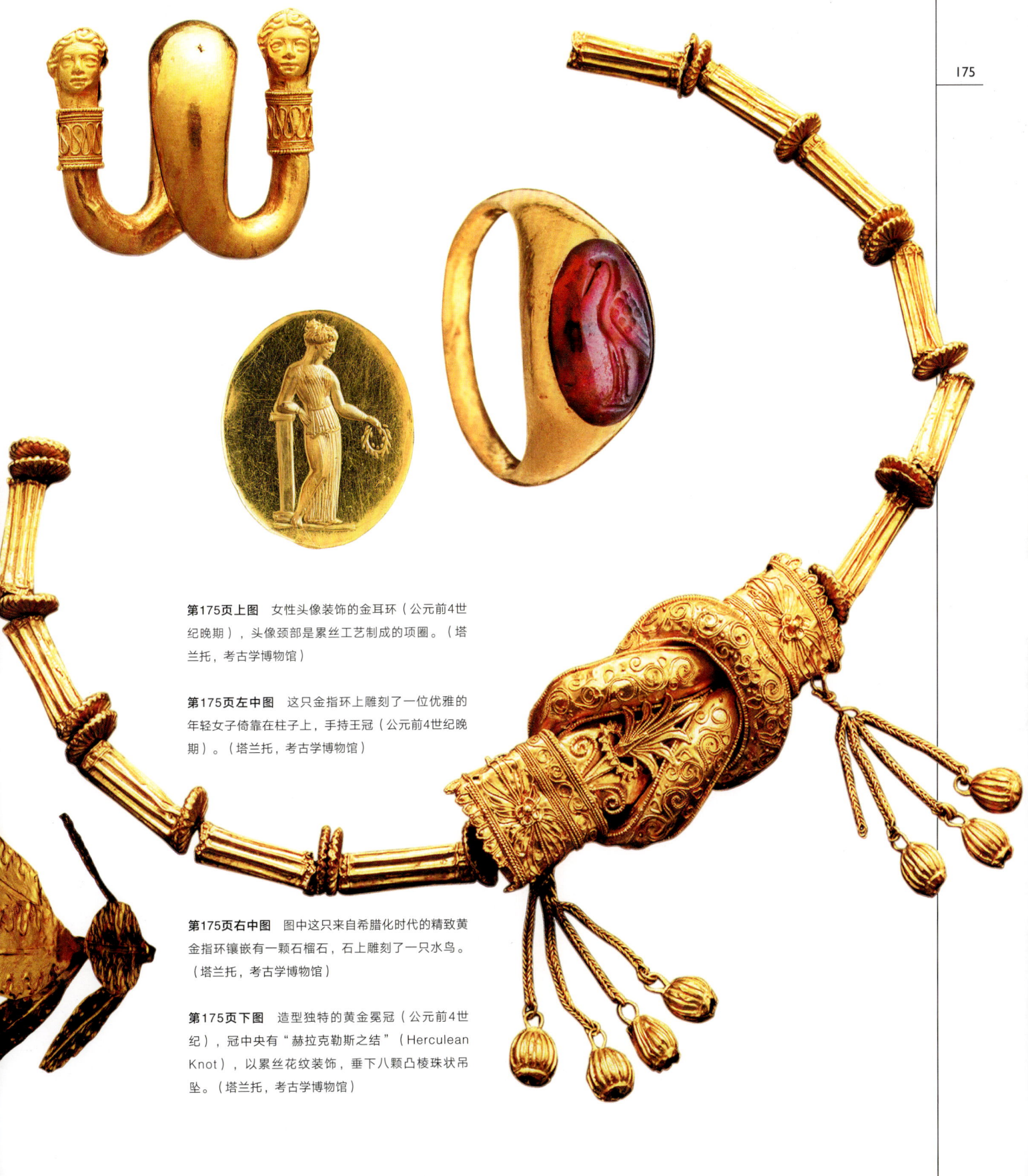

第175页上图 女性头像装饰的金耳环（公元前4世纪晚期），头像颈部是累丝工艺制成的项圈。（塔兰托，考古学博物馆）

第175页左中图 这只金指环上雕刻了一位优雅的年轻女子倚靠在柱子上，手持王冠（公元前4世纪晚期）。（塔兰托，考古学博物馆）

第175页右中图 图中这只来自希腊化时代的精致黄金指环镶嵌有一颗石榴石，石上雕刻了一只水鸟。（塔兰托，考古学博物馆）

第175页下图 造型独特的黄金冕冠（公元前4世纪），冠中央有"赫拉克勒斯之结"（Herculean Knot），以累丝花纹装饰，垂下八颗凸棱珠状吊坠。（塔兰托，考古学博物馆）

5

希腊化时代

历史背景
178

城市规划和建筑
196

文化和社会
182

接近尾声
200

艺术
184

历史背景

历史学家一贯把希腊化时代的开端定在公元前323年，即亚历山大大帝死去的那一年；结束则是在公元前31年，以亚克兴战役（Battle of Actium）后未来罗马帝国的皇帝奥古斯都掌权为标志。不过，要为这一时期的艺术发展划定严格的时间界限却更为困难。正如我们所见，在亚历山大登上历史舞台的一刻，艺术上的新进程已然展开，而要精确定位其结束点又不容易。确实，希腊化时代宏大的艺术活动虽然普遍具有统一性，但实际上也包含了一系列不同的趋势。

都说亚历山大对希腊及对已知世界（Oikoumene）的征服本质上是个悖论，因为他所开拓的新世界一直都没有在政治和制度上达到真正统一，直到最后罗马盛世（Pax Romana）的到来才将这片区域带入新地中海势力范围。但就算这些地区有政治和管理上的差异，文化上却高度统一。

"希腊化"（Hellenism）和"希腊化的"（Hellenistic）最初被用来指语言上的变化。修昔底德最早使用"希腊化"这一动词来描述野蛮人采用希腊语的行为；Hellenismoos的意思是"说希腊语而不说野蛮人的语言"。词汇的引申义指一种比他者更高度发展的文化，因此我们可以用"希腊化"一词来定义这个时代和其文化、文学及其他智慧，即一个使用共同语言（发展成熟的最新希腊语）的文化圈。特指艺术时，该词用于特指更晚期和形式更先进的希腊艺术品，来自与希腊-马其顿文化有交流的不同地域的艺术文化。

亚历山大的骤然离世带来了谁是继任者的问题。照理说应该由他的同父异母的兄弟腓力三世（Philip Arrhidaeus）或亚历山大娶的东方公主罗克珊娜（Roxana）未出世的儿子来继承王位。但事实上，亚历山大的几位统帅公开宣称他们自己才是继承人或继业者（Diadochi），帝国随即四分五裂。安提帕特（Antipater）成了欧洲的统治者（腓力三世和年轻的亚历山大四世被杀）；托勒密占领埃及；安提柯（Antigonus）控制了安纳托利亚；利西马科斯（Lysimachus）占据了色雷斯；不久后，塞琉古（Seleucus）也成了叙利亚的统治者。安提柯想要重建统一帝国的政治路线遭到了其他几位继业者的强烈反抗。因此，在安提帕特于拉米亚战争（Lamian War）战胜反抗的雅典人，最终扼杀了全希腊的自由精神后，包括他在内的其他继业者便在安提柯儿子德米特里一世（Demetrius Poliorcetes）的支持下与安提柯展开大战。安提柯和儿子在塞浦路斯的萨拉米斯岛打败了托勒密。但这对缓解局势无济于事，几位将领自行称王的行为很快促使其他继业者有样学样。安提柯在弗里基亚被杀后，他的儿子德米特里一世成为马其顿国王，随后又被塞琉古俘虏并杀害，而利西马科斯的命运也是如此。公元前280年（埃及的托勒密去世四年后），亚历山大最后一位统帅塞琉古也被刺杀。此时，世界棋盘上共有三个伟大的王朝：马其顿安提柯王朝、亚洲塞琉古王朝和埃及托勒密王朝。接下来，阿塔罗斯王朝（Attalids）统治下的帕加马（Pergamum）王国实现了独立。这三大王朝效仿东方模式，建立起真正的世袭君主制，王室对他们的埃及或亚洲臣民的传统表示了尊敬。公元前280年，随着这些王朝第二代统治者的继任，大国势力间达到了平衡。但同时，西北部的凯尔特人正步步逼近，将死亡和破坏的阴影笼罩于希腊中心和小亚细亚。而之前的事实也已证明，这些部落的战术所向披靡，比如公元前390年，凯尔特人布伦努斯（Brennus）率领的大军就已攻下意大利，洗劫罗马。

第176页图 这件雕像是昔兰尼浴场（Bath of Cyrene）内发现的美惠三女神雕像组之一。（昔兰尼，昔兰尼博物馆）

第178页图 这些银币来自塞浦路斯的萨拉米斯，是马其顿国王德米特里奥斯一世时期的银币，银币刻有这位统治者的头像，背面是波塞冬或船上的胜利女神。（昔兰尼，昔兰尼博物馆）

第179页图 通过比对银币上的头像，人们得以确认这座来自赫库兰尼姆（Herculaneum）的铜像刻画的是叙利亚国王塞琉古一世。这是一件吕西波斯作品的罗马复制品。（考古学博物馆，那不勒斯）

继业者之子（Epigoni）指的是亚历山大继业者的后代，他们也卷入到耗时漫长且大损元气的霸权争夺战中（其间共有六次叙利亚战争）。公元前3世纪末，叙利亚的安条克三世（Antiochus III）成为霸主。他以安条克大帝之名为人熟知，远征至印度，攻打波斯总督的领地，事实上继承了亚历山大的遗产。马其顿对希腊的控制在公元前262年转为全面占领：在克里莫尼迪兹战争（以希腊将领克里莫尼迪兹命名，也是他提出了最后的和约）期间，雅典主导的反马其顿联盟被迫投降。希腊接下来的一系列争取独立的抗争——包括公元前277年斯巴达的克里昂米尼三世（Cleomens III）所领导的抗争在内——都被马其顿强大的军队扼杀。约公元前220年，马其顿和其盟国（包括阿卡亚同盟）一起对斯巴达支持的埃托利亚同盟发起战争，导致伯罗奔尼撒进入了一段可怕的时期，大肆破坏和洗劫将已经衰弱的半岛折磨殆尽。公元前217年签订的诺帕克特斯合约被认为是最后一条由希腊各城邦签订的条约，因为罗马势力已虎视眈眈。很多年前，罗马人就曾为保护其在亚得里亚海的商业利益涉足伊利里亚（Illyria），并在公元前228年定下和约，让该区域内的几座岛屿和城邦成为自己的被保护国。罗马人带来的局势让人头疼，驱使马其顿国王腓力五世（Philip V）和迦太基人汉尼拔在公元前215年结盟。这导致了第一次马其顿战争（公元前215年—公元前205年），结果是马其顿和罗马双方签订腓尼基和约（Treaty of Phoenice），而罗马与埃托利亚同盟、斯巴达、麦西尼亚和帕加马结成反马其顿同盟。腓力五世和叙利亚安条克三世之间达成密约，想要瓜分埃及在欧洲和亚洲的领土。而公元前200年，罗马做了一项决定，不仅让腓力五世和安条克三世美梦落空，也成了整个地中海政治的分水岭。罗马派了一支代表队前往希腊，营造反马其顿舆论，煽动希腊人对抗腓力。又一场战争由此爆发。公元前197年，罗马执政官提图斯·昆克修斯·弗拉米宁（Titus Quinctius Flamininus）在库诺斯克法莱大胜马其顿方阵，这是一场值得铭记的胜利。公元前196年的地峡运动会（Isthmian Games）上，弗拉米宁当众宣告希腊独立，但实际上，罗马军队还驻守在科林斯和哈尔基斯，不仅向当地索要重税，还有组织地进行着把希腊艺术品劫掠到首都罗马的计划。然而当大军在公元前194年撤出希腊时，弗拉米宁却载誉而归，在伊西翁（Gythion），他甚至还被当地人奉为救星而受到尊敬。

第180页图　这只玛瑙制成的"托勒密杯"制造于亚历山大港，其上刻有酒神节的游行画面（公元前1世纪）。（巴黎，国家图书馆）

第181页图　来自亚历山大港的玛瑙浮雕（公元前3世纪），上有埃及王室的头像，可能是托勒密二世和王后阿尔西诺伊二世（Arsinoe II）。（维也纳，艺术史博物馆）

181

文化和社会

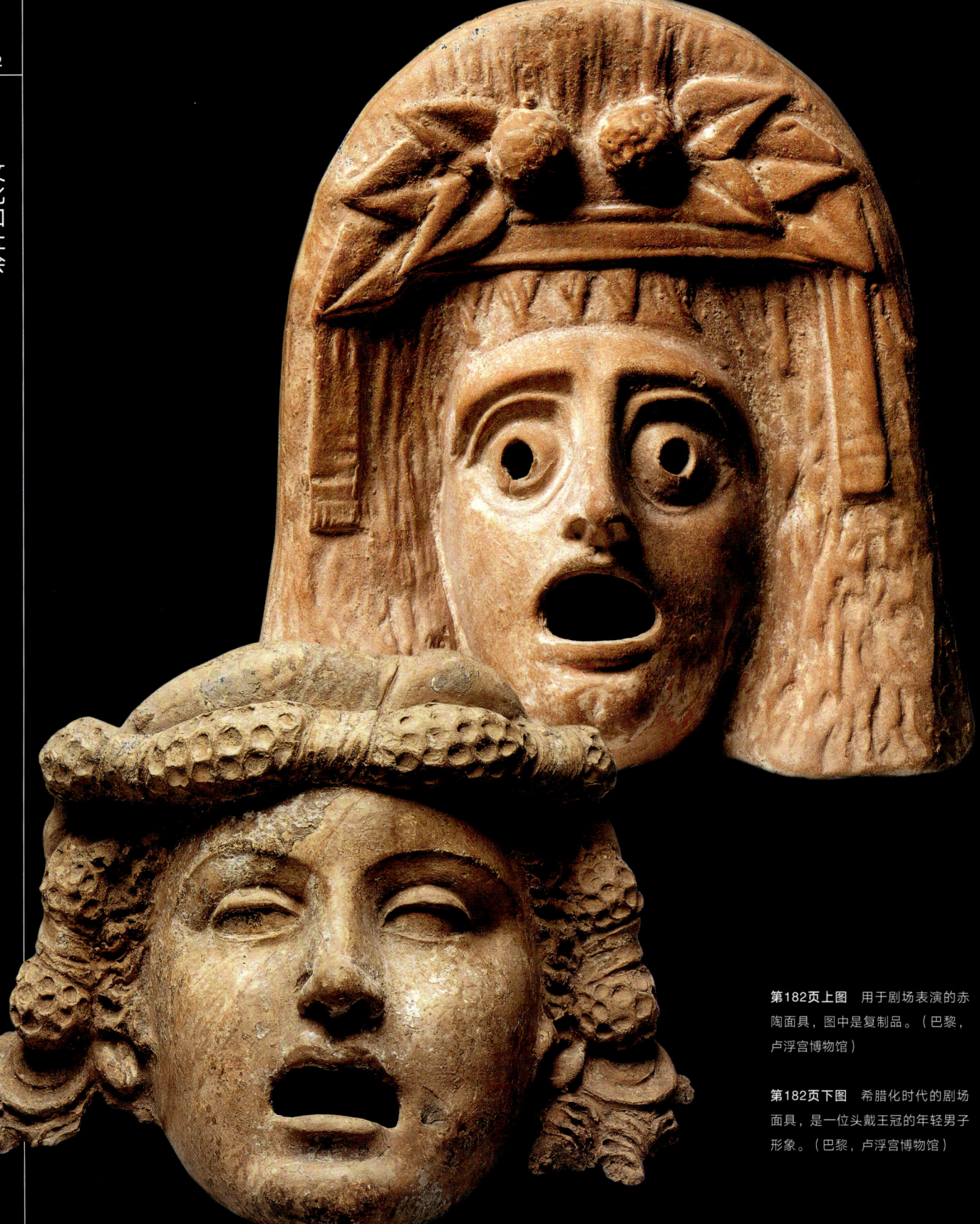

第182页上图　用于剧场表演的赤陶面具，图中是复制品。（巴黎，卢浮宫博物馆）

第182页下图　希腊化时代的剧场面具，是一位头戴王冠的年轻男子形象。（巴黎，卢浮宫博物馆）

第183页图 发现于塔纳格拉（Tanagra）的赤陶人偶，一个男孩正拿着演出新喜剧所用的面具。（巴黎，卢浮宫博物馆）

尽管政治上不再有自治权，城邦仍然是文化重地。"全球化"经济下，坐享拥有广阔贸易网的地理位置，一些城邦不仅掌握了无可争议的经济实力，也在文化和政治地位上颇有威望。比如位于东地中海中部的罗得岛，至少在公元前167年之前，这座城邦都非常兴旺。不过罗马人的到来打断了岛屿的繁荣，剥夺其发展提洛自由港的独立性。

雅典在各大君主制王朝间寻求着微妙的平衡，一直维持了古典时代以来从世界各地汲取的高水准文化和艺术。

各地（主要是遥远的东方）都建起新的城市。大型的城市化运动展开进程，大力开发被征服的土地，还有随之而来的人口发展统统激发了经济体制的巨大变革。财富流出宫廷，聚集在君主的强大支持者和上层阶级手中。国有和私人金融业如雨后春笋，财富滋生了奢靡之风以及对艺术的渴求，因此艺术也带有了商业色彩。随着艺术品的大批量生产和远销至五湖四海，将古典时代大师作品的复制品和仿品用于装点个人居所已蔚然成风。

人们的文化水平也提高了，但最重要的是文化开始在不同的社会阶级中传播。同时，我们却必须注意到，还有大量城市工匠阶级，他们非常贫穷，文化上也被边缘化。尽管宫廷仍然是文化优先发展的地方，体育场也发展成了学术和教学活动的中心，将雅典古典时代的文化遗产代代相传。剧场作为知识传递和文化社团的中心也开始广泛修建。悲剧淡出了舞台，为更适合这一时期日常生活的新剧种让出道路，那便是雅典剧作家米南德（Menander）开创的新喜剧（New Comedy）。各地新建了图书馆，除开"大学式"的讲授教学及翻印的教科书，教育上还发展出了如阿利斯塔克斯（Aristarchus）的天文学、厄拉托西尼（Eratosthenes）的地理学、阿基米德的数学和机械学的科学研究课程，以及如伊壁鸠鲁学说（Epicureanism）和斯多亚学派（Stoicism）哲学的思辨课程。人们将对外部世界的科学解释与对纷繁瞬变之社会的道德反思融合到一起，试图寻求内心的平静及脱离痛苦和焦虑的救赎之道。

显而易见，在这样的环境中，艺术创作迎合的是个人需求而不是群体需求。艺术品和潮流、奢华还有生活情调联系在一起，不再需遵从群体、公民或宗教理想。艺术逐渐脱离了城邦的价值观，从群体意识转变为个人意识，从公民的作品变成了大师的作品。同时，艺术也变得高度国际化，显现出各地区共有的特质，创造出一种拥有共同文化的环境——用专业术语来说，就是艺术成为了"共通语"（Koine）——容纳了从伊比利亚半岛直到印度的所有已知世界文化，又不阻碍本地各色流派和风气的百花齐放。在希腊化广袤的艺术全景中，我们可以通过大师学徒的作品及随之建立的流派分辨出公元前4世纪艺术大师的风格。各色风潮之后又融汇到一起，为整体艺术品带来折中主义倾向。

雕塑家吕西波斯的艺术因其追随者的杰作而被赋予了持久的生命力。其学生查厄斯（Chares）制作的罗得岛太阳神巨像如今虽然只在古代文献中留下片影，但我们仍可以从其学生欧提开德斯（Eutychides）的《安条克的提柯》上看到他对这位古代大师的追随。同时，这件作品也继承了老师吕西波斯的作品《凯洛斯》的风格，因富有寓意的趣味而空前成功。塑像中有一位年轻女子，头戴一顶塔状王冠，这便是提柯女神，是安条克这座建于公元前300年的城市的拟人形象。女神面色凝重地坐在一块圆石上，脚边是一个男孩正在游泳，象征欧朗提斯河（Orontes River）。人像的重要性也在此时体现了出来，比如雅典狄俄尼索斯剧场中树立的剧作家米南德雕像，还有公元前280年修建于雅典市政广场的演说家狄摩西尼像。这件作品的动人之处在于其充满凝聚力的节奏，衣物褶皱向人物中央聚拢，与希腊化时代早期塑像完全不同。像这样的作品，还有开列斯托拉托斯（Chairestratos）为拉姆诺斯圣所（Rhamnous）创作的秩序与公平之神忒弥斯像，都要求观者在雕像的文化背景上多下功夫。

第184页图 这件罗马时期的作品是罗得岛巨像的小型复制品，原作由查厄斯创作于约公元前290年。（奇维塔韦基亚，考古学博物馆）

第185页左图 这件罗马铜像受到了欧提开德斯《安条克的提柯》的启发，旁边的游泳者象征着欧朗提斯河（公元前3世纪早期）。（巴黎，卢浮宫博物馆）

第185页右图 开列斯托拉托斯为拉姆诺斯圣所创作的秩序与公平之神忒弥斯像（公元前3世纪早期）。（雅典，国家考古学博物馆）

出土于西顿的著名的阿巴达隆尼穆斯大理石棺（也被称为亚历山大石棺），造型仿佛一座希腊式神庙，其建筑元素远盛于人像元素。石棺浮雕一面是狩猎场面，另一面是战争情景，灵感来源似乎是亚历山大的一生和继业者战争。为追求现实主义效果，艺术家采用了合理的透视技法和着色，然而今天已经看不到这些色彩了。吕西波斯对这一时期的人像制作影响深远。而在雕塑的节奏和构图上，我们也能找到对摩索拉斯王陵，也就是对斯科帕斯的模仿与学习；当然，还有普拉克西特列斯的影响。折中主义艺术可以在许多葬礼石碑上明显看到，尤其是在阿提卡地区。

列斯还深深影响了亚历山大港的托勒密宫廷肖像，这些肖像轮廓柔和而朦胧，更强调鲜明的用色，注重表面观感。雕塑原本讲求的平衡与对称结构发展为充满离心力和动感的节奏。于是，古典时代结束了，对怀旧者来说这就是"艺术的终点"。普林尼在《自然史》中写道，第121届奥林匹亚运动会（公元前296年—公元前293年）举行之际，"艺术停止了"，直到第156届奥林匹亚运动会（公元前156年—公元前153年）才重新崛起。

普拉克西特列斯流派并未被遗忘，重要性也不在波留西斯学派之下，尤其是在地中海东岸地区（主要是亚历山大港）。在该流派著名的《米洛斯的阿芙洛狄忒》（Aphrodite of Milos）中，阿芙洛狄忒柔软的胴体从环绕臀部如波纹般起伏的衣物中显现，展现出富有曲线和动感的上升动势，明显是学习了普拉克西特列斯的《克尼多斯的阿芙洛狄忒》（Aphrodite of Knidos）。同样类型的雕塑还有《兰多利那的阿芙洛狄忒》（Aphrodite Landolina）和呈下蹲姿势的《代达沙斯的维纳斯》（Venus of Doidalsas）。普拉克西特

第186页和187页图　西顿皇家墓地出土的亚历山大石棺浮雕是对吕西波斯叙事群像布局的重新演绎，表现了伊苏斯战役和猎狮场景（约公元前310年）。（伊斯坦布尔，考古学博物馆）

187

第188页和第189页图 《米洛斯的阿芙洛狄忒》（约公元前120年），其婀娜向上的体态致敬了普拉克西特列斯的《克尼多斯的阿芙洛狄忒》。通过对不同元素的安排布局，艺术家让柔软细腻的裸体和衣物形成了鲜明对比。这尊雕塑被认为属于罗得岛风格，受其启发，后来出现了许多强调这种对比的女神像。（巴黎，卢浮宫博物馆）

正如普林尼所说，公元前2世纪古典风格再度兴起，古代学者都认为这是伟大古典理念的复兴，正如古希腊学者阿波罗多洛斯（Apollodorus）在其艺术史著作中的观点，这也成了普林尼及其艺术复兴论（Revixit Ars）的诸多参考资料之一。

该时期阿波罗弹里拉琴的雕像可能是狄马契达斯（Timarchides）的作品，通过其无数的复制品为人所知。这件古典时代复兴的作品完全是冷冰冰的，毫无生气，但整体氛围却通透明快，纹理粗糙的头发和布料反衬出柔软肉感的躯体，可见技法之娴熟。

很多所谓的"新阿提卡"艺术家实际上是复制者，有时也会修改过去的作品。他们在技术层面上很娴熟，对所敬仰的大师的风格了如指掌，也从他们的作品中寻找装饰灵感。雕塑创作转变成这样的一种交易，即艺术家从大量古典时代的造像中选一件，把造型（有时还有风格）混合，以满足愈加国际化和高要求的客户的需求，毕竟这些客户仍认为雅典是艺术文化的灯塔。既然是所谓古典时代复兴，也意味着改造的雕塑中缺少或只有少量古风时代和严肃时期的样本。这些风格的雕塑被认为太过于抽象，在内容上很难理解，显得不近人情，因此不适合面向大市场大批生产。不过古风或严肃时期的雕塑——纯洁、优雅、简单——却可以经改造以适应新式装潢和外部装饰的需要，因为他们直线型的衣物和头发非常贴合墙体外立面，发展成了一系列极受欢迎的"古风化"产品。很多公元前2世纪到1世纪的新阿提卡作坊搬迁到了新势力中心罗马。但在作品的签名中，艺术家也会自豪地提到他们的故乡（尽管可能只是艺术上的故乡）以作为质量的保证，正如"来自雅典的克利奥每诺伊"（Kleomenoi Athenaion）所示的那样。

第190页图 《阿波罗与七弦琴》（Apollo Citharoedus），这尊雕塑中唯一一件古代部分便是躯干（希腊化时代作品的罗马复制品），其余部分都是17世纪加上去的。（罗马，阿尔滕普斯宫罗马国家博物馆）

第191页图 图中的巨型花瓶来自博尔盖塞家族的收藏，这只大理石酒缸的装饰浮雕上展现了酒神节的场景，是一件制作于希腊化时代晚期的新阿提卡风格作品，原型是公元前4世纪的青铜雕像。（巴黎，卢浮宫博物馆）

一些艺术家也在公元前3世纪离开了雅典，搬到小亚细亚的帕加马王国。公元前2世纪初，他们发起了一项被后世称为"帕加马巴洛克"的极具创新精神的艺术运动，阿塔罗斯一世和欧迈尼斯二世（Eumenes II）为王国首都和雅典卫城献上了几座柱廊，后者又在公元前180年至公元前160年修建了著名的祭坛。从这些柱廊的装饰和祭坛饰带中可以看出，古典时代的经验已发展为对力量感的追求，强调雕塑旺盛的活力。浮雕刻画了厚重得近乎夸张的肌肉，为雕塑赋予爆裂而震颤的节奏感，有时艺术家还会把钻头钻进大理石深处来制造逼真的纹理效果，注入强大的力量。修建这座为宙斯树立的巨大祭坛是出于政治考量（宣传帕加马的势力），饰带刻画了天神和巨人之间戏剧性的斗争，象征着善与恶、理性与疯狂以及希腊化文明与凯尔特蛮族之间的斗争。柱廊内还有另一块饰带，用更委婉的风格雕刻了神话中帕加马的缔造者忒勒夫斯（Telephos）的事迹。

第192页上图 帕加马祭坛是欧迈尼斯二世为献给拯救者宙斯和带来胜利的雅典娜下令建造的。巨大的台阶通往祭坛，周围的柱廊上装饰有众多人物浮雕。（柏林，佩加蒙博物馆）

第192页下图 这尊阿塔罗斯一世"拯救者"头像开创了王室肖像的全新风格，人物更个性化，也更为自然（约公元前230年）。（柏林，佩加蒙博物馆）

第193页图 帕加马祭坛巨大的浮雕上刻画的是巨人族和天神之战（公元前180年—公元前165年）。（柏林，佩加蒙博物馆）

这般极为原始和富有表现力的语言自然格外成功，尤其在罗得岛还发展出了一个流派，其风格特征就是塑造夸张、离心且对比鲜明的节奏。著名的拉奥孔群像（Laocoon and His Sons）和在斯佩尔隆加（Sperlonga）发现的雕塑组就展现了奥德赛神话故事及迪尔斯（Dirce）所受的惩罚，被认为是这一流派的作品。

而被现代学者定义为"古代洛可可"的风格就与以上所说的大不相同，但在表现力创新上具有同等重要性。著名的《扼杀鹅的男孩》（Boy Strangling a Goose）是约公元前180年包泰斯（Boethos）的作品，可以被认为是这一风格的巅峰之作。作品仿佛是一首诙谐的短诗，用戏谑的手法雕刻了一个胖乎乎的男孩正兴高采烈地与一只毛茸茸的鹅战斗，雕塑呈三角构图。另一组著名雕像则是女神阿芙洛狄忒正坚决拒绝毛发浓密的潘神的殷勤，她娇俏地挥舞凉鞋要打这位骚扰者。同样，在该风格的一组浮雕中也雕刻了海中的半人马、海仙女涅瑞伊德斯（Nereids）和小天使，艺术家充分运用想象力，把人和动物进行了奇妙的结合。

罗得岛、提洛岛和科斯岛（Cos）的海岛环境是促使这几座城市成为重要雕塑中心的因素。这些岛屿还出产了被古代文献极力赞扬的丝绸，启发了雕塑对透明衣物的刻画。著名的科斯岛长袍（Coae vestes）就是一种产自科斯岛的名贵衣物，以生丝制成，具有透明质感。来自提洛岛的克里奥佩特拉像（公元前140年至公元前135年）就是一个绝美的范例。雕像中，透明轻盈的斗篷透出其下沉重的西顿长袍，包裹着肉欲十足的丰满身躯。罗得岛上诞生了大师级作品，著名的《萨摩色雷斯的胜利女神》现存于卢浮宫博物馆。胜利女神因其强势的动态而生机勃勃，她站在船头，轻盈的衣服在风中飘扬（约公元前190年）。此外，被称为"塔纳格拉小雕像"的精美赤陶艺术品也同样优雅和端庄。这组雕像以彼奥提亚城市塔纳格拉命名，这里是最具活力的赤陶像生产中心。罗得岛艺术家腓力斯科斯（Philiskos）还制作了一组九位美惠女神的雕像。这一作品最终在罗马遗失。不过，从约公元前130年阿奇拉浮雕（Archelaos Relief）的美惠女神群像中，我们可以大致领略这组雕像当时的容貌。

第194页图　这一著名的群像《拉奥孔和儿子们》由罗得岛雕塑家阿格桑德（Agesander）、阿提诺多罗斯（Athenodoros）和波利多罗斯（Polydoros）制作，作品带有矫饰主义风格，受到了公元前1世纪帕加马艺术的影响。关于这件作品是复制品还是原作仍未有定论。（梵蒂冈城，梵蒂冈博物馆）

第195页图　有一些最重要的希腊化时代雕塑作品来自斯佩尔隆加的皇家别墅，尤其是位于海边的"洞穴水神庙"（Grotto-nymphaeum），这处住宅建于天然洞穴旁，被想象为巨人波律斐摩斯（Polyphemus）的洞穴，其内发现了著名的雕塑群，展现奥德赛刺瞎波律斐摩斯的场景（插图为他的头像）。这件雕塑被认为是罗得岛流派作品，但仍未能确定是原作还是复制品；该雕像的制作时间是公元前1世纪上半叶到公元1世纪早期。（斯佩尔隆加，古物展览馆）

城市规划和建筑

研究希腊建筑和城市规划的顶尖专家之一汉斯·劳特（H. Lauter）认为，希腊化时代的城市规划一般就只是对之前理念的大面积实施（小城镇也是这样）。城市以棋盘格道路系统划分内部分区，随后的一切都围绕分区展开，和希波达穆斯的时代没有不同。来自罗马"母邦"的全新理念还尚未在希腊出现，在那儿（主要是雅典），建筑工程主要还是整合和改组，一般是通过扩大建筑的宏伟度和规模。一个典型例子就是市政广场，被重组为由柱廊包围的封闭结构。

对城市而言，美观似乎凌驾于实用性和功能性原则之上。建筑师和城市规划者通常会忽略地形的困难，照样安排直线道路，哪怕要越过陡坡！城市的内部其实是一个个包含了宏大建筑系统的分区。门廊在建筑中起到了调节和组织空间的作用。美观原则也适用于城市主干道的建设。这一时期，与自然环境的结合得到了重视。只要地形允许，规划师就会采用"戏剧感"的恢宏布局，用带有多级台阶的平台来实现对高低不同地势的利用。还有如剧场之类的巨型建筑都修建了弧形看台，让位于不同地势的观众都能聚焦到舞台中心。帕加马就是这些城市中一个不错的例子。

在古风时代和古典时代，大型神庙是城市的重心，高耸于公共建筑和住宅区之上，因为它们本身就高，又处在相对高的平面，营造出一种遥远的疏离感。不过，在希腊化时代，几乎所有公共建筑都采用了更高大的外观：如行政和立法机构的所在（议事厅和公民大会）、娱乐设施（剧场），还有一般的文化设施（体育场）和功能性建筑（军械库和仓库）。按理说王宫也是这样，哪怕我们对其确切的外观知之甚少。

列柱走廊成了住宅结构重要的一部分。除了古典风格的庭院式建筑，另一类高级住宅也发展起来，这类建筑有着大型列柱中庭，使房屋的各个房间都能俯瞰于此。根据权威资料，如古罗马建筑师维特鲁威的记载，有时还会有两个中庭，这意味着有两套男女专用的不同厢房，或者更可能的是作为家眷区的所谓闺房（Gynaikonitis）和作为对外区的会

客区（Andronitis）。

建筑摒弃了古典时代的理念，转而发展出类似"巴洛克"式的风格。我们注意到，建筑上的夸张、优美、生动和精美已胜过理性、统一和沉稳。将动感引入建筑各结构部分代表了真正的创新，打破了过去的格局。建筑的直线性外观并没有被淘汰，而是通过悬挑和凹室、开放和隔断结构使整

体风格变得明快。在所有这些变化中，人们尤其强调对所谓"柱式"的运用，也就是古典时代的柱式在该时期的建筑中仅是"虚"用，成为仅具装饰功能的建筑结构。临时建筑也流行开来，它们并不为永存于世而存在，一般只在重要场合、节日、游行或者庆典中使用，采用了以木头为主的较不耐久的建材，但装饰却是极尽奢华。

第196—197页图 帕加马古城是希腊化时代城市规划的优秀例子，城内建筑都修筑在人工阶地上。据古希腊地理学家斯特拉波（Strabo）记载，规模宏大的帕加马城是欧迈尼斯二世在公元前2世纪前半叶下令建造的。

第197页图 人们利用不同高度的阶地来做剧场看台。卫城的阶地也被用来建造皇宫、兵器库、市集、宙斯和雅典娜神庙及其祭坛，还有城邦之神雅典娜神庙（Temple of Athena Polias）及其他公共设施。

第198页左上图 提洛岛住宅中的庭院遗址，四周围有一圈柱子，通向大型待客区和小型过道。

第198页左下图 由石子、陶片和大理石砖拼成的马赛克地板，来自克里奥佩特拉之屋（公元前130年—公元前90年）。

第198—199页图　提洛岛的中心。提洛岛是希腊化时代最重要的港口之一，该城市并不是经统一规划建成的，而是通过增加新区而不断扩大。

第199页上图　提洛岛最奢华的住宅区建在基索斯山（Mt. Kynthos）山坡上，环圣湖而筑。高达数层的建筑很常见，住宅北侧常常会修建得更高，以便获得更好的采光。

第199页下图　这几只大理石狮子位于俯瞰圣湖的阶地之上，是提洛岛最为动人的雕塑作品之一（公元前7世纪晚期）。

公元前171年至公元前168年间，第三次马其顿战争在腓力五世的儿子珀尔修斯和罗马之间展开。在皮德纳，执政官卢基乌斯·埃米利乌斯·保卢斯（Lucius Aemilius Paulus）打败了这位马其顿国王，把他作为俘虏押往罗马，一起前往的还有数不胜数的战利品。历史学家波利比乌斯也在被俘回罗马的人员之列，不过他后来投靠了小西庇阿，并用希腊语写下标志性作品《通史》，又名《罗马帝国的崛起》。

阿卡亚同盟固执地抵抗罗马势力，但在公元前146年，卢基乌斯·穆米乌斯在科林斯打败守城部队，科林斯被洗劫一空，彻底摧毁。希腊也和马其顿并在一起成为罗马的行省。

罗马文化对希腊艺术的崇拜（希腊原创艺术品的大量涌入更助长了这一风气）激发了保守派和革新派之间关于道德与政治的著名辩论。保守派认为艺术品应当是公共财产，指控将艺术品挪为己用是纵欲的行为；而革新派却持更开放的态度，认为希腊艺术和文明能为罗马人本就恢宏的生活方式锦上添花。

希腊被战争彻底拖垮，遭到了大肆破坏和掠夺，社会秩序相当混乱，公元前134年和公元前100年，当地爆发了两次阿提卡奴隶起义。雅典半岛和小亚细亚笼罩在一系列动乱的阴影中，如三次米特拉达梯战争（Mithridatic Wars），接着就是罗马的内战：尤利乌斯·恺撒对抗庞培，屋大维和马克·安东尼对抗恺撒的刺杀者。接下来，屋大维和马克·安东尼之间又展开战争。"希腊化"最终退出政治舞台，而希腊历史也成了罗马行省的历史。

罗马共和体制衰落后，奥古斯都领导的帝国新势力也开始在行省中展开密集的歌颂和宣传活动，目的是巩固帝国的势力。在雅典这座"学术中心"（Domicilium Studiorum）自然能强烈地感受到这一趋势。罗马在雅典的宣传计划开始于公元前20年，奥古斯都迎战安息（Parthia）国王弗拉特斯四世（Phraates IV）。战争的结果是罗马不仅夺回了被将领克拉苏（Crassus）在卡莱战役中丢失的罗马军旗，双方还达成议和，为这一地区争取了一时的和平。这次胜利令人联想起四百年前希腊对波斯的胜利（罗马帝国宣传波斯帝国是安息帝国的祖先），同时又呼应了亚历山大大帝征服波斯之举，毕竟他是奥古斯都一直追求的标杆。

在卫城，正对帕特农神庙的东面，人们建起了一座小型的圆形庙宇，献给罗马和奥古斯都，后者被雅典人视为"拯救者"（Soter）。这一小型建筑因此具有了非凡的意义：身处雅典乃至全希腊宗教领域的关键位置，这座神庙为奥古斯都确立了超越凡人层面的权力。市政广场这一城市政治中心和希腊文化象征的中央地带也修建了两座同样具有特殊意义的大型建筑：一座是阿格里帕剧场（Odeon of Agrippa），向雅典崇高的文化地位致敬，同时也意在让戏剧演出成为城市政治和文化生活的中心；另一座是阿瑞斯或玛尔斯神庙（Temple of Ares /Mars）。这原本是公元前5世纪的建筑，在公元前2年从阿提卡乡下拆除，运到这里重新组装，献给盖乌斯·恺撒这位奥古斯都原本指定的继承人（在公元4年意外离世），为的就是对王朝进行盛大的歌颂。广场西侧的一座献给市集保护神赫尔墨斯的神庙是罗马兴建计划最后的作品。为向罗马新政权效忠，雅典统治者也大兴土木，在原市政广场东面新修了一座罗马市政广场（Roman Agora），此外还有许多以重建为主的工程。

作为文化人，奥古斯都和大多数罗马知识分子一样将雅典奉为圭臬，其古典主义的大气雄浑是再适合不过的宣传风格，能营造出一种"黄金时代"的表象。《第一门的奥古斯都像》（Augustus of Prima Porta）塑像就展现了君主具有象征意义的形象。这位身披铠甲的第一公民正向他的军队致意。作品明显模仿了古典时代最高水准的作品之一——波留克列特斯的《持矛者》。

第201页图　图中石棺的浮雕由鲁尼（Luni）大理石雕成，表现了希腊人与亚洲人之间的战争（公元2世纪）。（布雷西亚，考古学博物馆）

希腊的遗产

"古典"一词有两个灵魂：希腊和罗马。罗马似乎一直渴求将其历史发展为世界史。但古典世界中最具世界性，也最具永恒活力的，实际上是小小的希腊。虽然国力强盛，但罗马仅仅是传播希腊文化的一个中间人。也正因为此，近现代一些处于"古典时期"，却和希腊文化几乎没有关系，又对它所知甚少的国家——比如德国和英国——也想要把它们的根系伸向希腊。

在罗马统治的时代，古典主义扮演着融合过去的关键角色，创造出全球化且兼收并蓄的希腊艺术形象：一种高度"文明"的艺术，不同于罗马、意大利半岛、西方和中东（如埃及）各地。在这些地方，流行的是更大众庸俗的文化，简单来讲就是"不文明"的艺术。

罗马帝国覆灭后，一时间几乎所有关于希腊的知识都失传了，不仅仅是艺术，更重要的是希腊文明的一切。文明薪火的中断从最重要的媒介希腊语开始，只有拜占庭地区还在使用。但毫无疑问，古代希腊的文化遗产仍流传于众多科学领域，不仅有文字或图像资料，还有科学仪器，如星盘、测角仪（用于测量方位）、日晷、天平、外科手术工具等等。

直到人文主义的兴起和文艺复兴的到来，希腊文明才再次活跃于西方世界。但同时，希腊遗产为阿拉伯文明做出了巨大的贡献，科学和哲学知识以包括翻译文本在内的各种方式广泛传播，对阿拉伯文化产生了深远的影响。值得注意的是，新伊斯兰文明又传播回大部分在希腊化时代就深受希腊文化、社会、经济、制度传统还有科学影响的地区。阿拉伯语版本的欧几里得《几何原本》和《光学》、阿基米德的《圆的测量》、托勒密的《光学》、阿波罗尼乌斯（Apollonius）的《圆锥曲线论》，还有安特米乌斯（Anthemius）的《机械悖论》都非常著名。

亚历山大港数学家丢番图（Diophantus）的里程碑式杰作，创作于公元前2世纪的十三卷《算术》为阿拉伯数学家阿勒花剌子模（AL-Khwarizmi）的《代数》打下基础。托勒密所著的最完整的天文学论述也启发了阿拉伯著作《天文学大成》。在生物学领域，盖伦的医学著作和亚里士多德的自然哲学学说深深影响了波斯医学家伊本西纳（Avicenna）。

艺术领域更不可能绕过希腊。不同时期对希腊文化的演绎也呈现出不同形式：从"夺用"（意指搬运希腊神庙的柱子和柱头以建造清真寺）到工艺（制造玻璃），从装饰技法（马赛克）到图书的插画。在西方，15世纪末到16世纪早期，几件出现在意大利威尼托地区的藏品让人们意识到，希腊艺术是一个客观真实的存在，而不是仅是文学上的"幻影"。这是一些主要来自罗得岛、塞浦路斯和克里特岛的艺术品。1506年，在罗马发现了由阿格桑德、波利多罗斯和阿提诺多罗斯制作的雕像《拉奥孔和儿子们》，这是一个划时代的事件。但很长一段时间里，希腊艺术仍仅以罗马复制品的方式呈现，其中很多甚至都算不上是希腊的作品。艺术品的质量是鉴别和评估古代艺术品的主要准则，任何绝美和珍贵的艺术品只可能属于希腊。直到18世纪中期，德国学者温克尔曼（Winckelmann）才从真正意义上"发现"了希腊的艺术。虽然他的论述也是基于有限的罗马文献，但却为后续研究打开了一扇大门。他对希腊艺术进行了风格分析，将作品根据时代和历史阶段排序，建立起古代艺术史观。后来，又有考古文献学研究替我们分清了原本难辨彼此的原创品和复制品，恢复和重建了第一手资料和图像。

然而，有一种偏见仍然存在，即狭隘地以公元前5世纪的雅典代表整个希腊文明。这一观点仍影响着学界，也影响了我们的共识，而更正这一点，正是本书写作的初衷。

第203页图　拉斐尔绘制的《雅典学院》（1509）是文艺复兴时期的杰作。画面中，古希腊几位最重要的哲学家聚在一座古典主义风格的建筑中展开辩论，正中央就是柏拉图和亚里士多德。（梵蒂冈城，梵蒂冈博物馆签字厅）

图书在版编目（CIP）数据

图说世界文明史. 希腊 / (意) 斯特凡诺·马吉著；高瑞梓译. -- 济南：山东画报出版社，2021.3

书名原文：History and Treasures of Ancient Civilizations: Greece

ISBN 978-7-5474-3758-2

Ⅰ.①图… Ⅱ.①斯… ②高… Ⅲ.①文化史 – 古希腊 – 图解 Ⅳ.①K103-64②K125-64

中国版本图书馆CIP数据核字（2021）第019351号

WS White Star Publishers® is a registered trademark property of White Star s.r.l.

© 2007, 2014 White Star s.r.l Piazzale Luigi Cadorna, 6 20123 Milan, Italy
www.whitestar.it

本书中文简体版专有出版权经由中华版权代理公司授予果麦文化传媒股份有限公司

图字 15-2020-96

TUSHUO SHIJIE WENMINGSHI XILA
图说世界文明史. 希腊
〔意〕斯特凡诺·马吉著；高瑞梓译

责任编辑	许　诺
装帧设计	朱大锤
专家审校	张　强
出 版 人	李文波
主管单位	山东出版传媒股份有限公司
出版发行	山东画报出版社
社　　址	济南市英雄山路189号B座　邮编 250002
电　　话	总编室（0531）82098472
	市场部（0531）82098479　82098476（传真）
网　　址	http://www.hbcbs.com.cn
电子信箱	hbcb@sdpress.com.cn
印　　刷	北京盛通印刷股份有限公司
规　　格	220毫米×240毫米　1/12
	17印张　270幅图　330千字
版　　次	2021年3月第1版
印　　次	2021年3月第1次印刷
印　　数	1—5,000
书　　号	ISBN 978-7-5474-3758-2
定　　价	98.00元

建议图书分类：世界史

图片来源

Agenzia Luisa Ricciarini: page 42 AISA: page 41 Archivo Iconografico, S.A./Corbis: page 126 Archivio Scala: pages 53, 57, 58, 60, 75, 81, 84, 94-95, 98, 100, 101, 127, 129, 140, 149, 153, 192 Arnaudet; J. Scho/Photo RMN: pages 188, 189 Yann Arthus-Bertrand/Corbis: pages 78, 109, 130-131, 138, 150-151, 198-199 Antonio Attini/Archivio White Star: pages 24, 24-25, 28, 29, 34-35, 78, 98, 98-99, 102, 102-103, 113, 199 Marcello Bertinetti/Archivio White Star: pages 104-105, 105, 110-111 Livio Bourbon/Archivio White Star: pages 28-29, 29, 40 104, 108, 196-197, 197 The Bridgeman Art Library/Archivio Alinari: page 142 Angelo Colombo/Archivio White Star: page 97 Giovanni Dagli Orti/Corbis: pages 64, 80, 17 Giovanni Dagli Orti/The Art Archive: pages 4-5, 9, 13, 40, 42, 44, 45, 52-53, 64, 68, 84, 98, 127, 141, 143, 147, 148, 152, 158, 160, 162, 168-169, 170, 170-171, 173, 190, 201, 208 Araldo De Luca: pages 58, 115, 116-117, 167, 174, 175, 179, 184, 195 Araldo De Luca/Archivio White Star: page 176 Araldo De Luca/Corbis: pages 175, 194 Mary Evans Picture Library: page 111 Elisabetta Ferrero/Archivio White Star: pages 14-15 Kevin Fleming/Corbis: page 50 Werner Forman/Corbis: pages 156-157 Alfio Garozzo/Archivio White Star: pages 16-17, 33, 51, 78, 97, 98, 111, 130, 136, 137, 169, 198 Georg Gerster/Rapho/Hachette Photo/Contrasto: pages 136-137 Johannes Laurentius/BPK, Berlin, Dist RMN/Photo RMN: page 75 Les Freres Chuzeville/Photo RMN: page 75 Erich Lessing/Contrasto: pages 6-7, 18-19, 21, 22, 23, 27, 28, 30-31, 32, 36, 36-37, 38, 39, 43, 44, 47, 48-49, 49, 55, 59, 61, 63, 66, 69, 70, 70-71, 71, 72, 74,77, 79, 82, 86, 87, 88, 89, 90, 91, 92, 92, 97, 106, 107, 114, 115, 118-119, 119, 120, 122, 123, 124, 125, 131, 134, 134-135, 143, 151, 154, 159, 163, 164-165, 180, 181, 185, 186-187, 187, 189, 192, 193, 203 Herve Lewandowski/Photo RMN: pages 62, 63, 67, 73, 121, 128, 146, 155, 166, 182, 191 Museo Archeologico di Tessalonica: page 171 Museum of Fine Arts, Boston, Massachusetts, USA/Henry Lillie Pierce Fund/The Bridgeman Art Library/Archivio Alinari: page 174 Simona Musso/Archivio White Star: page 88 Photo RMN: page 183 Photoservice Electa/Akg Images: pages 86, 96 Reinhard Schmid/Sime/Sie: pages 2-3 Henri Stierlin: page 10 The Trustees of the British Museum: pages 56, 76, 92, 93, 16, 117, 156, 161, 172, 178 Sandro Vannini/Corbis: page 144 Giulio Veggi/Archivio White Star: pages 102, 105, 12-113, 132, 132-133, 138, 138-139, 198

《比雷埃夫斯的雅典娜》是制作于公元前4世纪中期的铜像，展现了一位头戴羽毛装饰头盔的女神。（比雷埃夫斯，考古学博物馆）

回复"希腊文化"查看本书索引表